Garland
Coulson

PARE DE PRO CRAS TINAR

5 semanas para transformar sua vida

ubook   ubk
Publishing House

Publicado mediante acordo com Callisto Media, Inc. Edição original do livro, *Stop Wasting Time: End Procrastination in 5 Weeks with Proven Productivity Techniques*, publicada por Althea Press.

ubook UBK
Publishing House

COPIDESQUE Christian Danniel
REVISÃO Raquel Freire | Diego Franco Gonçales
CAPA E PROJETO GRÁFICO Bruno Santos
IMAGEM DE CAPA Min Chiu / Adobe stock

Dados Internacionais de Catalogação na Publicação (CIP)
(Câmara Brasileira do Livro, SP, Brasil)

Coulson, Garland
Pare de procrastinar! / Garland Coulson ; tradução UBK Publishing House. -- Rio de Janeiro : Ubook Editora, 2020.

Título original: Stop wasting time : end procrastination in 5 weeks with proven productivity techniques
ISBN 978-65-5875-030-7

1. Autoajuda 2. Mindfulness (Psicologia) 3. Motivação 4. Procrastinação 5. Produtividade I. Título.

20-48269 CDD-155.232

Ubook Editora S.A
Av. das Américas, 500, Bloco 12, Salas 303/304,
Barra da Tijuca, Rio de Janeiro/RJ.
Cep.: 22.640-100
Tel.: (21) 3570-8150

SUMÁRIO

Como usar este livro **7**

1 O que está impedindo você de agir? **13**

2 PRIMEIRA SEMANA:
Pare de adiar e comece a fazer **28**

3 SEGUNDA SEMANA:
Construa sua superestrutura **52**

4 TERCEIRA SEMANA:
Lide com os ladrões do tempo **76**

5 QUARTA SEMANA:
Tenha foco! **99**

6 QUINTA SEMANA:
Mantenha-se motivado **120**

7 Seu caminho para o sucesso **138**

Referências **144**
Sobre o autor **147**

COMO USAR ESTE LIVRO

Por que um programa de cinco semanas?

Sejamos honestos. Este provavelmente não é o primeiro livro que você já deve ter lido sobre produtividade ou procrastinação. Está tudo bem — não fico ofendido por não ter sido a sua primeira escolha. A verdade é que todos nós, mesmo os mais bem-sucedidos, estamos interessados em aprender a ser mais produtivos.

Você provavelmente já leu muitos livros com ideias grandiosas que nunca resultaram nas melhorias de produtividade que procurava. É por isso que, em vez de escrever outro livro sem eficácia que fique intocado em sua estante acumulando poeira, desenvolvi um programa que pode ser realmente implementado e seguido. Em vez de apenas falar sobre como você *pode* melhorar, este guia fornece instruções claras, passo a passo, para *parar de perder tempo*.

Então, afinal, o que eu tenho a falar sobre procrastinação e por que você deveria seguir meus conselhos? Hoje em dia, trabalho como consultor de gestão de tempo, mas nem sempre fui um especialista nesse assunto. Minha jornada com a gestão de tempo começou no início dos meus vinte anos, quando trabalhava em um ambiente bancário movimentado. Eu era um jovem e entusiasmado gerente de nível hierárquico inferior, bastante competente e trabalhador, mas com habilidades medíocres de gestão de tempo. A gestão do meu tempo não era tão ruim a ponto de impedir que fizesse meu trabalho, mas minha incapacidade de aproveitar ao máximo as horas de trabalho impedia que eu me destacasse.

Até que, em um Natal, meu gerente me deu de presente um lindo planner feito de couro vermelho. Enquanto eu organizava as páginas no fichário, fiquei impressionado com o brilhantismo e a elegância do sistema de planejamento. Além de espaços de preenchimento para compromissos, as páginas do calendário também tinham espaços para escrever ligações a fazer, despesas e tarefas. Havia até seções inteiras dedicadas ao estabelecimento de metas, aos comentários sobre os clientes, às anotações de reuniões e muito mais. O nível de organização que essa simples ferramenta me proporcionou foi surpreendente, e isso abriu a minha cabeça para um novo nível de pensamento sobre como trabalhar e organizar meu tempo.

A partir daquele momento, fiquei viciado. Tornei-me obcecado em aprender sobre gestão de tempo e devorei vorazmente cada livro, artigo e programa de treinamento que conseguia encontrar sobre o assunto. Ouvi cursos em áudio sobre gestão do tempo no carro enquanto ia ao trabalho todos os dias. Comecei a ajudar meus colegas a se organizarem e lhes mostrei como usar o tempo de forma mais eficaz.

À medida que meu conhecimento se aprofundava, meus colegas começaram a me procurar para pedir conselhos, e acabei aprendendo a lição que muitos outros "mestres" aprendem: para realmente entender alguma coisa, você deve ensiná-la. Explicar um assunto requer fragmentá-lo até sua forma mais pura e poderosa, de modo que você possa ajudar os outros a entenderem o tema de maneira clara e dominá-lo com eficiência. Descobri que ensinar outras pessoas me ajudava a incorporar os princípios de gestão do tempo em minha vida ainda mais rápido. Assim, logo comecei a ministrar workshops em treinamentos internos para as empresas onde trabalhava e, eventualmente, iniciei meu próprio negócio de ensino de gestão de tempo. Atualmente, treino milhares de pessoas a cada ano e tenho orgulho de dizer que sou afetuosamente conhecido por meus alunos e clientes como Capitão Tempo.

As técnicas e estratégias deste livro não são apenas coisas que inventei para parecer cativante ou inteligente. Elas são extraídas de reflexões inovadoras de mindfulness e de psicologia. Tudo o que recomendo aqui foi testado por pesquisadores e funciona de forma comprovada. Além disso, experimentei e comprovei muitas dessas técnicas com meus alunos e clientes. Milhares de pessoas se beneficiaram dessas estratégias, e suas experiências me ajudaram a refinar a forma como as uso.

Pense neste programa de cinco semanas como seu GPS de gestão de tempo. Seu destino é um estilo de vida livre de procrastinação, e darei a você as instruções passo a passo para chegar a este objetivo. Você precisará ser meu parceiro nisso. O programa não lhe "curará" magicamente se você não se esforçar. Mas a beleza deste treinamento é que não há muito a descobrir — eu lhe direi o que fazer e quando fazê-lo, e sua principal função será reservar tempo na agenda para seguir os ensinamentos.

Para ser bem-sucedido, você precisará de cerca de vinte minutos por dia para completar os exercícios e planos de ação incluídos no programa. Pode parecer muito, mas esse tempo será quase todo usado para criar listas de afazeres e sua agenda de produtividade diária. Esse investimento diário de tempo compensa, pois, uma vez que você tiver suas novas estratégias de produtividade em vigor e usá-las como uma parte regular de sua rotina, você poupará bem mais do que vinte minutos por dia.

Ao concluir este programa, você irá:

- Entender por que você procrastina
- Aprender técnicas para parar de procrastinar
- Construir uma "superestrutura" em torno de sua agenda para se certificar de que todas as suas tarefas serão concluídas
- Aprender a concentrar sua atenção onde ela precisa estar para maximizar resultados
- Implementar um programa de automotivação
- Construir as bases para o sucesso em longo prazo

Uma importante característica deste programa é que ele pode ser personalizado para atender às suas necessidades específicas. Meus anos de treinamento me ensinaram que não há nenhuma técnica ou ferramenta que funcione para *todos*. Em vez disso, eu aprendo sobre os desafios de produtividade de cada cliente e personalizo meu treinamento de acordo com esse aprendizado. Este programa de cinco semanas permite fazer o mesmo em relação à sua produtividade pessoal. Ao longo das etapas, você será capaz de identificar e implementar as técnicas que melhor se adequam ao seu caso — e que o ajudam a alcançar seus objetivos.

Ao longo deste livro, mencionarei ferramentas e aplicativos que você pode usar para se organizar. Estas eram minhas ferramentas de produtividade favoritas na época em que escrevi este livro. É claro, novas opções surgem com certa frequência, por isso, as minhas preferências podem acabar mudando. Você pode ver as ferramentas que estou usando atualmente para resolver problemas de produtividade na página "*Tools*" do meu site CaptainTime.com, ou pode me contatar, enviando um e-mail para garland@captaintime.com.

Executando o programa de cinco semanas

Antes de começar o programa, quero que você arrume um pequeno caderno de anotações. Vamos chamar esse caderno de "Pare de Perder Tempo". Se você já tem um planner diário, pode mantê-lo também, mas a maior parte das atividades será preenchida em seu caderno. Se preferir, escolha um caderno decorado ou feito de couro, fique à vontade, mas um simples caderno comprado em uma papelaria servirá também. Não procrastine — ache ou compre seu caderno agora. É um simples primeiro passo, mas o caderno será uma importante ferramenta durante todo o programa.

Além do caderno, você também precisará separar vinte minutos diários para fazer os exercícios recomendados e o planejamento. Assuma um compromisso de investir em si mesmo e torne esse tempo sagrado!

Não deixe *nada* nem *ninguém* tirar seus vinte minutos de planejamento. Reserve esse tempo em sua agenda, realce-o em amarelo e deixe seus amigos e familiares saberem o quanto esse tempo significa para você. Esse compromisso é um passo importante para a sua jornada rumo ao sucesso.

Este programa de cinco semanas não tem enrolação: ele foi elaborado para ter máxima eficiência. Se você permanecer concentrado e seguir o programa de forma persistente todos os dias, ao final dele você terá as habilidades mentais e organizacionais das quais precisa para parar com seus hábitos de procrastinação de vez. O que isso significará para você? Melhor organização, menos estresse e mais sucesso no trabalho e na sua vida pessoal.

1

O QUE ESTÁ IMPEDINDO VOCÊ DE AGIR?

Por que procrastinamos?

Ao longo deste programa de cinco semanas, ajudarei você a descobrir as causas da sua procrastinação e oferecerei estratégias poderosas e eficazes para resolver os problemas que a desencadeiam em vez de apenas mascarar seus sintomas com frases motivacionais.

Você está lendo este livro porque chegou em um ponto da sua vida em que percebeu que a procrastinação lhe causa sérios problemas. Talvez prazos não respeitados no trabalho estejam deixando você mais estressado ou mesmo colocando seu emprego em risco. Você pode estar se sentindo frustrado por não conseguir fazer qualquer progresso significativo rumo a seus objetivos pessoais ou profissionais. Ou talvez você esteja esperando muito tempo para resolver problemas domésticos que prejudicam seus relacionamentos familiares ou sua saúde financeira.

Seja qual for o motivo, a procrastinação pode paralisar a nossa carreira e a nossa vida doméstica. Então, apesar de todos os problemas que ela causa, por que postergamos o que precisa ser feito? Por que procrastinadores continuam a agir assim? Quando treino clientes para superar a procrastinação, sempre começo com o "porquê". *Por que* você procrastina? Na maioria dos casos, a procrastinação não é resultado de falta de tempo: ela é resultado de fazer escolhas relacionadas ao tempo que nos permitem evitar realizar as tarefas que estamos adiando.

Assim, para parar com o hábito de procrastinar, você precisa entender por que escolhe se concentrar em outras coisas em vez das tarefas que realmente deveria fazer. Em outras palavras, você precisa entender que benefício ganha ao procrastinar. O que você está conseguindo com isso? Os pontos negativos da procrastinação são claros, mas quais são seus benefícios?

Tentar corrigir a procrastinação sem entender primeiro por que você procrastina é como tentar resolver um vazamento no teto colocando um balde no chão quando chove. Sim, você evita danos no tapete em curto prazo, mas até que saiba por que o telhado está vazando e resolva de uma vez por todas a causa do problema, o vazamento retornará na próxima tempestade. Ao lidar com a causa (o buraco em seu telhado) em vez das consequências (água sobre o chão), você pode corrigir o real problema de forma permanente. O mesmo ocorre com a procrastinação: ao descobrir a razão pela qual procrastina, é possível corrigir a causa do problema.

Em geral, quando as pessoas procrastinam, elas procuram evitar algum tipo de experiência interna desagradável (ou seja, pensamentos ou emoções) que a tarefa que estão evitando lhes proporciona. Para tomar um exemplo muito comum, imagine que você precisa fazer uma apresentação no trabalho ou na escola. Se a apresentação for sobre um tema com o qual tem familiaridade, então a preparação não deve ser um grande problema, já que conhece bem o assunto. No entanto, os dias passam, e você se vê adiando a preparação até ficar encurralado: a apresentação é no dia seguinte, e você nem sequer começou a montar seu material.

Considerando que os preparativos para a apresentação não deveriam ser um problema, como a procrastinação atingiu você? Há chances de sua procrastinação estar sendo recompensada pelo alívio temporário sentido ao evitar pensar sobre ser observado ou julgado pelo público. Cada dia que você posterga a preparação para essa apresentação é um dia em que não sente a ansiedade que essa situação lhe causa.

A seguir, outros exemplos de tarefas e das emoções desagradáveis que elas podem desencadear, contribuindo para que sejam evitadas e resultando na procrastinação:

Tarefas tediosas ou desinteressantes: podem trazer à tona sentimentos de tédio ou indiferença — por exemplo, uma pessoa que trabalha em um escritório pode achar chato realizar uma atividade de escrituração e acaba procurando se dedicar às tarefas mais interessantes.

Tarefas de longo prazo com prazos mal definidos: tarefas rápidas e bem definidas nos dão uma satisfação imediata ao serem concluídas, mas tarefas longas e difíceis podem suscitar sentimento de frustração e de incerteza.

Tarefas as quais não se tem as habilidades necessárias para executá-las: é mais confortável fazer coisas que nos são familiares do que aprender novas habilidades, pois isso pode trazer um sentimento de inadequação e requer um grande esforço.

Tarefas desagradáveis: executar algo que achamos desagradável pode nos fazer sentir ressentidos e frustrados. Por exemplo, uma vez tive que escrever um plano de negócios para o produto de um cliente com o qual não conseguia me conectar mentalmente, o que tornou esse trabalho desagradável e difícil para mim. (Estabeleci uma estratégia para parar de evitar a tarefa apesar do meu desconforto e terminei o plano de negócios duas semanas antes).

Tarefas associadas a um conflito: nada é mais desgastante emocionalmente do que estar em situações de conflito. É natural querer adiá-lo, esperando que a situação de alguma forma se resolva sozinha. Mas essa tática nunca funciona em longo prazo e pode criar ainda mais problemas em curto prazo.

Tarefas demandadas por um indivíduo/empregador de que você não gosta: é difícil executar projetos em tempo hábil quando uma pessoa se sente zangada ou ressentida com seu gestor, colegas de trabalho ou com o local de trabalho em geral. Sentir raiva interfere na motivação e pode causar sentimento de indiferença em relação às tarefas.

Sobrecarga de tarefas: A tarefa à sua frente pode parecer muito pesada caso ela envolva muitas etapas para ser concluída. Por exemplo, uma longa lista de afazeres domésticos, como aspirar, esfregar o chão, limpar o pó, descongelar a geladeira, lavar as roupas de cama, entre outros, pode parecer tão grande que você se sente sobrecarregado só de pensar no assunto.

A maioria dos meus clientes é bem-sucedida em grande parte de suas vidas. São brilhantes, criativos e trabalhadores, mas todos eles têm em comum a luta contra a procrastinação na medida em que tiveram de procurar a minha ajuda. Por que pessoas brilhantes e trabalhadoras ainda lutam contra a procrastinação — afinal, não é um problema que parece ser fácil, ou pelo menos simples, de se resolver? De forma subliminar, todos os meus clientes que procrastinam geralmente têm algum tipo de resposta emocional ou psicológica que os impede de viver à altura de seus plenos potenciais.

As reações emocionais podem pegá-lo desprevenido e rapidamente fazer com que você autossabote seu trabalho, seus objetivos pessoais e seus relacionamentos. E, como qualquer um que já esteve em uma discussão acalorada sabe, a lógica raramente tem chance contra uma reação emocional. No trabalho, somos ensinados que devemos ser sempre profissionais, por isso temos a tendência de inibir e ignorar nossas emoções. Mas mesmo tarefas domésticas, como limpar a garagem ou consertar aquele vazamento no telhado, podem apresentar componentes emocionais que interferem na produtividade.

Passemos agora a algumas descrições rápidas dos tipos mais comuns de procrastinadores para que você possa ver qual perfil o descreve melhor.

Que tipo de procrastinador você é?

Em meus mais de vinte anos de ensino de gestão do tempo, descobri que a maioria dos procrastinadores se encaixa em alguma categoria. Entendendo qual categoria melhor descreve seu caso, você pode identificar as técnicas que funcionam para seu tipo de procrastinação.

A seguir está um esboço de cada um dos "tipos" básicos de procrastinadores. Você provavelmente já esteve em mais de uma categoria em algum momento de sua vida, mas tente identificar o tipo que mais ressoa com o porquê de você estar procrastinando agora.

O Preocupado

O Preocupado concentra-se nas coisas que podem dar errado e teme que elas não fiquem prontas a tempo ou que ele não consiga realizar um bom trabalho. O Preocupado gasta muita energia mental em problemas imaginados por ele. Isso lhe deixa sem energia para completar a tarefa.

> Passo tanto tempo me preocupando com prazos e imaginando o que vai dar errado que acabo ficando para trás.

O Preocupado pensa que está trabalhando arduamente na tarefa porque gasta muita energia mental *pensando* nela, mas não percebe que todo esse tempo desperdiçado em preocupação não lhe deixa mais perto de concluir o trabalho. Na verdade, isso piora as coisas porque sua preocupação o impede de realizar a tarefa, podendo resultar em consequências negativas. Assim, o Preocupado gera resultados ainda piores por estar mais focado na preocupação do que realmente dedicado à tarefa.

Você é um Preocupado? Faça a si mesmo estas perguntas para descobrir:

- Estou passando muito tempo pensando na tarefa antes de finalmente começar a executá-la?
- Tenho dificuldade para dormir à noite porque as coisas que tenho de fazer pesam em minha cabeça?
- Eu me sinto exausto pela tarefa antes mesmo de começá-la?

Se sua resposta for sim a uma ou mais dessas perguntas, é possível que seja um Preocupado. Ao longo do programa de cinco semanas, você aprenderá a aproveitar sua energia focada em preocupações e transformá-la em energia focada em tarefas para conseguir ser mais eficiente.

O Perfeccionista

O Perfeccionista precisa que cada projeto seu seja "perfeito", então ele desperdiça tempo continuamente revisando a tarefa em uma tentativa de melhorá-la. Como consequência, ele nunca deixa passar nada. Isso pode fazer com que um único projeto ou objetivo tome todo o seu dia, enquanto outros projetos e tarefas críticas permanecem inacabados porque ele está desperdiçando muito tempo com o primeiro.

> Passo tanto tempo revisando e procurando erros que nunca termino o que tenho que fazer.

Perfeccionistas podem se ver paralisados pelo medo de não conseguir executar o projeto com perfeição. Eles podem desperdiçar muito tempo andando em círculos, planejando demais, tentando responder todas as variáveis desconhecidas e fazendo revisões desnecessárias. Já que nunca podemos saber tudo ou prestar contas de cada variável, e o mundo nunca será perfeito, a abordagem do Perfeccionista o deixa em um ciclo infinito de incompletude.

Você é um Perfeccionista? Faça a si mesmo estas perguntas para descobrir:

- Estou obcecado em atingir resultados impecáveis quando realizo uma tarefa, revisando-a de novo e de novo para me certificar de que não cometi erros?
- Só gosto de fazer tarefas em que sou bom?
- Encaro uma crítica construtiva como um ataque?

Se sua resposta for sim a uma ou mais dessas perguntas, é possível que você seja um Perfeccionista. Com este programa de cinco semanas, você aprenderá técnicas para terminar tarefas dentro de um padrão aceitável, mas sem se comprometer excessivamente com uma única atividade, deixando de realizar outras importantes.

O Prestativo

O Prestativo só quer ajudar! Por isso, ele diz sim para cada pedido que recebe sem avaliar se isso afetará seu próprio planejamento. À medida que assume mais e mais trabalhos e solicitações particulares de outras pessoas, suas próprias tarefas são deixadas de lado. Ele pode até ficar sobrecarregado, mas não consegue dizer não.

> Eu digo sim para tudo, por isso nunca tenho tempo para meus próprios projetos.

No trabalho, à medida que o Prestativo assume mais e mais demandas, seu trabalho principal, que paga seu salário, começa a ser impactado, colocando seu emprego e carreira em perigo. Em casa, ele frequentemente se vê exausto ao final do dia sem ter completado o que queria ou o que precisava fazer a nível pessoal.

Você é um Prestativo? Faça a si mesmo estas perguntas para descobrir:

- Sou sempre o primeiro a se voluntariar para ajudar ou assumir mais tarefas?
- Tenho dificuldade em dizer não quando alguém me pede ajuda ou para participar de uma atividade de que eu não gosto realmente?
- Eu trabalho mais horas por semana do que sou pago?

Se sua resposta for sim a uma ou mais dessas perguntas, é possível que você seja um Prestativo. Este programa lhe ensinará a avaliar corretamente suas prioridades e os itens em seu planejamento para que não caia na armadilha de assumir mais do que consegue lidar.

O Beija-flor

O Beija-flor flana de tarefa em tarefa. Ele se sente ocupado, mas poucos de seus projetos de longo prazo são concluídos. Ele muitas vezes fica entediado ou frustrado. O Beija-flor é multitarefa e realiza pequenos afazeres, mas nunca consegue se dedicar a trabalhos maiores que exigem foco e atenção mais profundos.

> Pulo de projeto em projeto. Estou o dia todo ocupado, mas nada nunca fica pronto.

Beija-flores muitas vezes preferem pequenos trabalhos que podem ser concluídos rapidamente, o que lhes dá uma satisfação imediata. Isso causa problemas quando eles precisam participar de projetos e tarefas maiores, gerando atrasos.

Você é um Beija-flor? Faça a si mesmo estas perguntas para descobrir:

- Trabalho o dia todo em muitas tarefas, mas nunca realizo itens maiores ou mais importantes?
- É difícil para mim ouvir ou ficar quieto em reuniões?
- Começo regularmente novos hobbies e os largo rapidamente ou pulo de tarefa em tarefa sem completar a anterior?

Se sua resposta for sim a uma ou mais dessas perguntas, é possível que seja um Beija-flor. Você pode usar o programa de cinco semanas para reduzir as multitarefas, melhorar o foco e realizar um trabalho mais profundo e significativo.

O Procrastinador Oculto

A maioria das pessoas não notará um Procrastinador Oculto porque ele não perde prazos. Mas o único motivo pelo qual ele consegue cumprir esses deadlines é porque faz um esforço hercúleo de última hora para que tudo dê certo. O Procrastinador Oculto vive sob contínua tensão, entregando trabalhos de baixa qualidade e beirando um burnout por causa de seus esforços dramáticos em cima da hora.

> Sempre cumpro o prazo das tarefas, mas adio tanto as coisas que acabo ficando exausto na hora da entrega.

O Procrastinador Oculto tenta se justificar, afirmando: "Eu trabalho melhor sob pressão". Mas isso não é realmente verdade. Ele não entrega seu melhor trabalho, mas um serviço apressado que o deadline lhe forçou a produzir no último minuto. A qualidade desse nível de trabalho é tipicamente inferior ao que poderia ter sido caso ele tivesse mais tempo para se dedicar.

Ao deixar as coisas para o último minuto, os Procrastinadores Ocultos também perdem a capacidade de consultar colegas ou membros da família ou de pesquisar melhores abordagens e alternativas. Quando você tem tempo para pensar em um problema, seu inconsciente funciona como um forno, fervendo o problema em fogo brando e "cozinhando" lentamente soluções nas quais talvez não tivesse pensado.

Você é um Procrastinador Oculto? Faça a si mesmo as perguntas abaixo para descobrir:

- Prefiro trabalhar sob pressão?
- Espero muito tempo para resolver coisas que dependem de antecedência para reservar, como ingressos para shows ou viagens de férias?
- Trabalho até tarde para cumprir um prazo porque esperei até o último minuto para fazer uma tarefa?

Se sua resposta for sim a uma ou mais destas perguntas, é possível que você seja um Procrastinador Oculto. O programa de cinco semanas vai ajudá-lo a completar as tarefas bem antes que elas precisem ser concluídas, enquanto ainda há tempo de realizar mudanças, pesquisar e refletir, o que melhorará a qualidade de seu produto final e eliminará o alto estresse que execuções de última hora causam.

Descubra seus padrões de procrastinação

Agora que você tem pelo menos alguma noção de qual tipo (ou tipos) de procrastinador você é, tire um momento para fazer algumas autoavaliações rápidas para ajudá-lo a identificar seus padrões pessoais de procrastinação. Que tipo de tarefas você evita? Que tipo de emoções surgem quando você é confrontado com essas tarefas? Essas informações irão auxiliar na elaboração de estratégias enquanto você segue o programa.

Autoavaliação: Tipos de tarefas

Em seu caderno, nomeie uma nova página: "Tarefas que costumo procrastinar". Desenhe linhas na página para fazer quatro colunas e as nomeie como "Tarefa", "Nível de procrastinação", "Nível de estresse" e "Categoria". (Veja o exemplo na página 24). Você também pode usar uma simples planilha ou tabela em seu software de processamento de texto, mas imprima uma cópia e guarde em seu caderno para que todas as suas anotações fiquem concentradas em um mesmo lugar.

Comece a preencher essa tabela olhando para a sua lista de afazeres. Quais delas estão em sua lista há muito tempo? Se não tiver uma lista predefinida, você pode analisar suas tarefas conforme elas surjam ao longo do dia.

Registre a tarefa na primeira coluna. Na coluna seguinte, avalie seu nível de estresse de 1 a 5, dependendo de quão estressado ela o faz se sentir (1 é pouco ou nenhum estresse e 5 é um estresse extremo). Na terceira coluna, use a mesma classificação de 1 a 5 para quantas vezes você procrastinar nessas tarefas. Então, na última coluna, adicione uma das seguintes categorias ou pense em suas próprias:

- Desafiadora
- Fácil
- Grande
- Prazos vagos
- Final em aberto
- Projeto em grupo
- Projeto individual
- Tarefa detalhada
- Tarefa fora do meu conjunto de habilidades
- Tarefa para pessoas específicas

Essa avaliação é uma ferramenta de autodiagnóstico porque ajuda você a detectar tendências. Talvez você se saia muito bem com tarefas individuais, mas tem dificuldades com projetos em grupo. Ou talvez você trabalhe muito bem quando tem um prazo fixo, mas parece nunca conseguir participar de projetos com um final em aberto ou com uma data vaga de término. Saber quais tipos de tarefas criam problemas para você ajudará a descobrir as melhores estratégias para lidar com elas, evitando procrastinações no futuro.

TIPOS DE TAREFAS: EXEMPLO DE PLANILHA

TAREFA	NÍVEL DE ESTRESSE	NÍVEL DE PROCRASTINAÇÃO	CATEGORIA
Responder e-mails	1	1	Detalhada
Telefonar para clientes estressados	4	3	Desafiadora
Escrever plano de marketing	2	5	Final em aberto
Novo grupo de desenvolvimento de produtos	2	5	Final em aberto
Passar o aspirador de pó	1	1	Fácil
Pintar a casa	2	5	Grande
Discutir um sério problema pessoal com um membro da família	4	3	Desafiadora

Neste exemplo, essa pessoa não está procrastinando para responder e-mails. Ela posterga um pouco quando precisa fazer algo estressante e desafiador, como ligar para um cliente irritado ou discutir um assunto sério com um membro da família. Sua procrastinação ocorre em alto nível quando ela tem um grande projeto em aberto (como escrever um plano de marketing), trabalha em um projeto de grupo ou planeja pintar sua casa.

Outra pessoa pode não ter nenhum problema com projetos com finais em aberto, mas adiará as tarefas relacionadas a conflitos.

Entender os tipos de tarefas nas quais você procrastina ajuda a adaptar seu plano de ação para parar de procrastinar. Compreender os sentimentos que surgem quando pensa em cada tarefa leva seu plano para o próximo nível.

Autoavaliação: sentimentos sobre as tarefas

Em seu caderno, nomeie uma nova página: "Sentimentos". Nesta página, anote todos os sentimentos que surgem quando você evita tarefas ou começa a abordar uma meta com um alto nível de procrastinação. Você pode consultar a lista de afazeres elaborada na autoavaliação anterior. Ter consciência de seus sentimentos e das razões pelas quais os evita é um conhecimento poderoso que o ajudará a parar de perder tempo e começar a agir.

Você pode escolher os sentimentos da lista a seguir e incluir qualquer outro que não esteja listado:

SENTIMENTOS	
Amedrontado/temeroso/ assustado/preocupado	Exaltado/irritado/exasperado
Ambivalente/indiferente/ entediado	Raivoso/amargurado
Ansioso	Estranho
Confuso/incerto	Desapontado/desolado
Desconfiado/perturbado	Frustrado/bravo
Indefeso/fraco	Hesitante
Desesperançoso	Inseguro/constrangido
Nervoso	Preocupado
Triste	Desconfortável

Se você sabe porque se sente assim, inclua essas informações também. Por exemplo, "estou com medo porque temo o que os outros pensarão de mim", "estou ansioso porque posso não atingir meus objetivos" ou "estou com raiva porque tenho que fazer isso". Use quantas páginas forem necessárias para identificar seus sentimentos e a provável causa dessas emoções.

Pronto para começar?

Durante as próximas cinco semanas, você se familiarizará com o motivo da sua procrastinação, estabelecerá metas para completar as tarefas que tem evitado e tentará pôr em prática todos os exercícios e estratégias apresentados. Estarei com você em cada passo dessa jornada. Então, quando tiver completado o programa, você poderá manter as estratégias que funcionam melhor para seu tipo particular de procrastinação e integrá-las em sua rotina.

APRENDIZADOS

VOCÊ APRENDEU QUE:

- Existem diferentes tipos e padrões de procrastinação.
- A procrastinação é geralmente causada pela negação de certos sentimentos ou pensamentos incômodos.
- Ferramentas de autodiagnóstico ajudam a entender melhor por que você procrastina.

VOCÊ APRENDEU A:

- Identificar seu estilo de procrastinação e seus padrões.
- Identificar as tarefas que mais lhe causam estresse e lhe fazem procrastinar.
- Identificar os sentimentos que lhe fazem querer evitar uma tarefa.

2

PRIMEIRA SEMANA: **PARE DE ADIAR E COMECE A FAZER**

O que você está evitando?

Uma das razões pelas quais é tão difícil parar de procrastinar é que identificar quando você está procrastinando pode não ser tão simples. Procrastinar se torna um hábito a ponto de, muitas vezes, você nem conseguir notar que está agindo assim. Você está sempre ocupado, mas de alguma forma nunca chega às tarefas realmente importantes ou alcança metas de longo prazo. Se você não sabe *quando* está procrastinando ou *por que* está procrastinando, como espera conseguir parar? Aqui é onde a técnica de mindfulness entra em jogo.

Nos termos mais simples, mindfulness significa estar atento ao que você está fazendo no momento presente. Embora o mindfulness tenha origem no budismo, a prática se tornou dominante no Ocidente, foi estudada extensivamente por seus benefícios para a saúde física e mental e sua eficácia foi comprovada. Mindfulness é simultaneamente uma habilidade simples e difícil de cultivar. Cientes disso ou não, a maioria de nós gasta grande parte de nosso tempo sem se concentrar de fato no momento presente. Em vez disso, revivemos incidentes do passado ou olhamos para o futuro na forma de devaneio, planejamento ou ansiedade. Com tudo isso, não é de se admirar que algo tão sutil quanto a procrastinação muitas vezes não chegue ao nível da consciência.

Treinar-se para ter consciência de sua propensão a evitar fazer algo e procrastinar pode ajudá-lo a identificar quando está procrastinando. Esse é o primeiro passo para eliminar esse hábito. Você pode cultivar o mindfulness fundamentando-se no momento presente — o que está acontecendo aqui e agora. Para isso é necessário limpar sua mente de pensamentos aleatórios e preocupações. Isso é muito mais difícil do que parece. No entanto, se seguir os passos deste capítulo, você estará no caminho de se tornar mais consciente. Vamos começar com algumas estratégias básicas que farão com que você preste mais atenção aos seus objetivos diários.

Conscientize-se

Como se tornar mais atento e autoconsciente de quando e por que está procrastinando? A seguir, mostrarei uma série de passos mentais que encorajo meus clientes a seguir e que uso para me manter consciente do que preciso fazer para avançar em direção à realização de importantes metas pessoais ou profissionais. Estes não são passos que você dá apenas uma vez. Tornar-se mais atento ao que está acontecendo com você em qualquer momento ou em qualquer dia é uma prática constante.

1. IDENTIFIQUE OS RESULTADOS QUE DESEJA ALCANÇAR

Começo cada dia e cada novo projeto consciente dos resultados que quero alcançar. Isso requer certa reflexão e tomada de decisões. Em seguida, crio um passo a passo para atingir cada resultado. Usando esse método, meu trabalho não é *apenas* trabalho — cada tarefa se torna um passo em direção a importantes resultados e metas que desejo alcançar.

Ao atar minhas atividades a objetivos reais, sigo motivado para realizar a tarefa. Por estar mais atento à importância do que estou fazendo, fico mais consciente de quando evito uma determinada ação. Isso se aplica também aos objetivos pessoais que você deseja alcançar, tal como aprender uma nova língua para poder viajar a um país que você quer visitar. A árdua tarefa de aprender um novo idioma está ligada ao seu forte desejo de viajar para aquele país e poder conversar com os residentes locais. Ter ciência dos resultados que desejamos nos ajuda a olhar além das dificuldades e a antecipar a recompensa que virá quando tivermos terminado uma atividade.

Ao longo de meu dia, estou sempre atento se aquilo em que estou trabalhando está me levando ao meu resultado desejado ou não. Faço isso através de uma verificação constante comigo mesmo para ter certeza de que estou trabalhando para alcançar meus objetivos traçados, o que me mantém mais concentrado e motivado.

2. ASSUMA A RESPONSABILIDADE SOBRE SEU TEMPO

Você está atento à forma como passa o tempo? Você acha que não tem tempo suficiente? Em meu trabalho de coach, com frequência ouço a frase: "Eu não tenho tempo o bastante." Eu simpatizo com o sentimento, mas essa é uma forma inútil de ver sua relação e influência sobre seu próprio horário. Quando dizemos "eu não tenho tempo", criamos uma crença dentro de nós de que nosso tempo é algo sobre o qual não temos controle.

Ao colocar esse controle nas mãos de outras pessoas ou coisas, você perde uma de suas opções mais poderosas de produtividade. Você tem mais controle sobre seu tempo do que pensa, mesmo quando trabalha para outras pessoas. Meus clientes frequentemente percebem que dobram ou até triplicam sua produtividade com as técnicas de economia de tempo que aprendem comigo porque eles passam a assumir mais responsabilidade sobre a maneira que gastam o tempo. Você aprenderá essas técnicas em capítulos posteriores, mas, por enquanto, comece se perguntando: *Como estou escolhendo passar meu tempo neste momento?*

A falta de tempo é geralmente o resultado de não assumir o controle de suas próprias escolhas relativas a ele. Tendo em mente que você possui o controle do próprio tempo, você passa a ganhar mais tempo para fazer escolhas. Existe um ditado que utilizo como um mantra da minha gestão de tempo e que incentivo meus alunos a usarem também para ajudá-los a reorganizar sua relação com ele: "Meu tempo, minhas regras." Repetir essa frase, especialmente quando estiver se sentindo pressionado pela sua agenda, fará você se lembrar de que pode assumir o controle dele e fazer melhores escolhas.

3. FAÇA UM PLANO

Geralmente mergulhamos em nossa lista de afazeres pela manhã sem termos consciência de como elaborar um planejamento bem-feito e realmente eficiente. Para estar mais atento a como vou lidar com meu dia, realizo uma série de perguntas para as tarefas da minha lista para que possa planejar como fazer cada uma delas de maneira mais efetiva. Seguem algumas perguntas que me faço a respeito de cada tarefa:

- Posso largar esta tarefa?
- Ela pode ser automatizada?
- Ela deve ser realizada por outra pessoa?
- Esta é a tarefa prioritária e mais importante na qual eu deveria estar trabalhando?
- Que ferramentas, recursos ou ajuda eu preciso para completá-la?

Ao fazer essas perguntas, você poderá direcionar e automatizar alguns de seus trabalhos, delegar ou terceirizar outros e certificar-se de que está sempre focado na tarefa de maior prioridade. Por exemplo, é realmente necessário encomendar suprimentos hoje? Caso contrário, deixe isso para depois. É possível encomendar as compras on-line e recebê-las em casa? Talvez você devesse tentar.

Esta abordagem também ajuda a reunir o que for preciso antes do tempo para garantir que a tarefa seja feita o mais rápido possível. Por exemplo, se precisa de informações de um colega, solicite isso enquanto avança em seu trabalho ou então você terá uma desculpa para procrastinar porque precisará esperar por essas informações adicionais. Isso também funciona para os objetivos da sua vida pessoal.

Digamos que deseje iniciar uma dieta. As ferramentas e recursos de que precisa incluem o plano alimentar e certos tipos de alimentos. Adquira-os antes de sua data de início, assim não haverá desculpas para adiar isso por mais tempo.

4. MEDITAR

Muitas pessoas percebem que praticar meditação regularmente as ajuda a ficarem calmas, aumenta sua consciência e as motiva a se tornarem mais produtivas em suas vidas cotidianas. Estudos apontam que a meditação ajuda a melhorar o foco e a trabalhar em grupo. Meditar pela manhã lhe dá a chance de começar seu dia sentindo-se bem e mais à vontade. Separar alguns minutos para a atividade quando você estiver se sentindo mal-humorado pode ajudá-lo a se acalmar e a trazer sua atenção de volta ao momento presente.

Se nunca meditou, recomendo que assista a uma aula de meditação ou a um vídeo para aprender um pouco das noções básicas. Há muitos tipos de meditação, então será preciso encontrar um método que funcione melhor para você. Por enquanto, confira a seguir uma meditação simples com visualização de dez minutos para começar a praticar:

1. Programe um temporizador com um tom de alarme suave para tocar após dez minutos.

2. Sente-se e fique à vontade. Não há necessidade de sentar-se de pernas cruzadas.

3. Respire profunda e lentamente por alguns minutos até perceber que sua respiração está equilibrada e confortável.

4. Feche os olhos e continue a respirar naturalmente.

5. Visualize a imagem de um lindo ambiente natural onde gostaria de estar. Construa essa imagem em sua mente. Há água, areia, grama? Como é o céu? Que outras características você vê, tais como rochas ou árvores? Siga acrescentando detalhes à imagem que você está mentalizando.

6. Sempre que sua mente vagar para outra coisa, continue trazendo-a de volta à imagem que você está criando, acrescentando mais detalhes.

7. Quando o alarme despertar, abra seus olhos lentamente e leve um momento para se ajustar a um estado de alerta antes de se levantar.

Quando começar a meditar, você provavelmente terá dificuldade em não se perder em seus pensamentos, mas mantenha-se firme. Você está treinando seu cérebro para estar mais atento ao momento presente, o que, entre outros benefícios, pode ajudá-lo quando apresentar resistência a uma tarefa. Se continuar a praticar todos os dias, sua mente vagará cada vez menos e você terá mais consciência em geral. Para obter mais ajuda sobre isso, veja "Faça uma nota mental" na página 35.

Alternativas à meditação

Se você já tentou a meditação por um tempo e ainda sente dificuldades, vale a pena testar outras atividades de "limpeza da mente" que oferecem benefícios similares. A seguir, veja algumas que eu e outras pessoas descobrimos ser meditativas e calmantes:

- Estar na natureza
- Faxina
- Colorir
- Dançar
- Desenhar, pintar e praticar outras formas de arte
- Exercitar-se
- Jardinagem
- Fazer tricô, patchwork ou crochê
- Caminhar ou fazer trilhas
- Entalhar ou esculpir madeira

Portanto, se você simplesmente não consegue se ver em uma posição de lótus, tonificando-se e sentindo-se zen, tente atividades que o levem a um estado similar de clareza. Mas eu o encorajo a dar uma chance à meditação para ver se essa prática pode se tornar uma parte bem-vinda da sua rotina.

Faça uma nota mental

Como já mencionado, sua mente vagará durante a meditação. A boa notícia é que você pode tornar quaisquer pensamentos que surgirem durante sua meditação parte de sua prática ao notá-los. Essa não é uma tarefa de tomar notas. (Haverá muitas delas posteriormente). Em vez disso, essa prática visa reconhecer seus pensamentos, identificando-os com uma simples palavra, sem os julgamentos ou respostas emocionais que nos deixam mais longe do momento presente.

Essa identificação pode ser sussurrada ou declarada silenciosamente em sua mente. Não se preocupe com a palavra que você usa: ela não precisa ser perfeitamente descritiva. Pode ser algo simples como "pensando" quando você perceber um pensamento se formando. À medida que continuar a prática de fazer notas mentais, você descobrirá por si mesmo que tipo de identificação funciona, seja dizendo em voz alta ou mantendo-se em silêncio. Por agora, escolha as palavras que lhe pareçam mais apropriadas sem se preocupar muito com isso.

Fazer notas mentais durante a meditação dará à mente algo para fazer em vez de lhe permitir vagar para outros pensamentos. Isso satisfaz a necessidade da mente de pensar em outras coisas, o que pode atrapalhar a meditação. Isso também mantém você presente e dedicado ao momento. Por exemplo, se um pensamento que lhe causa ansiedade surgir, identifique-o como "ansiedade" para reconhecê-lo e tornar mais fácil liberá-lo da sua mente. Você pode precisar repetir essa identificação mais de uma vez até que o pensamento vá embora naturalmente. Não pense: *Ah, isso me causa ansiedade. Eu odeio esse sentimento. Não* deveria *me sentir desse jeito*. Apenas pense "ansiedade" e volte à meditação.

O objetivo de fazer notas mentais *não* é resolver seus pensamentos ou fazê-los ir embora, mas ajudá-lo a se tornar mais consciente em relação aos tipos de pensamentos que você tem e quais tipos de emoções eles trazem à tona. No capítulo anterior, você começou a identificar seus sentimentos associados à procrastinação. A prática de fazer notas mentais pode justamente aumentar sua consciência sobre o que você está sentindo. Digamos que você esteja diante de uma tarefa desagradável e anota "resistência" quando ela aparece no seu pensamento. Após a prática de fazer notas mentais, você terá uma ideia mais clara do que precisa superar para resolver a questão.

Até agora, eu falei apenas sobre fazer notas mentais durante a meditação, mas essa é também uma prática ativa de cuidado que você pode praticar durante o dia. Por exemplo, você está sentado em sua mesa fazendo uma tarefa tediosa e seus pensamentos se voltam a todas as razões pelas quais você preferiria não estar fazendo isso, desviando sua atenção do trabalho que tem em mãos. Em vez disso, identifique "tédio" para colocar sua mente pensante de volta aos trilhos e recuperar o foco para executar o trabalho. Se você sente desconforto com o tédio (e quem não sente?) e outras emoções desagradáveis, a próxima seção o ajudará.

Sinta-se confortável com o desconforto

Uma parte fundamental para entender por que procrastinamos é reconhecer o que ganhamos ao procrastinar. Agora mesmo, você provavelmente está pensando: *Não ganho nada com isso! Tudo o que a procrastinação faz é me causar problemas.* Mas se você não estivesse conseguindo algo com a procrastinação, não continuaria procrastinando, especialmente considerando o quanto esse hábito pode lhe custar.

Uma maneira de entender a dinâmica emocional que pode nos manter em um ciclo de procrastinação é pensar nisso como uma forma de *fuga emocional*. Em outras palavras, a procrastinação nos permite, pelo menos temporariamente, fugir de alguns sentimentos internos desconfortáveis, como ansiedade, medo ou tédio. No capítulo 1, você identificou alguns desses sentimentos, mas você está pronto para *senti-los*? Claro, podemos continuar fugindo de emoções incômodas durante anos e deixá-las contaminar nossas vidas e pensamentos, mas essa não é a resposta. Precisamos estar dispostos a experimentar o desconforto desses sentimentos, lidando com eles e seguindo adiante.

Quando entendemos nossa procrastinação como um meio de fuga, abrimos um mundo de soluções: psicólogos têm pesquisado sobre o problema da fuga emocional há anos. Há um ramo da psicologia chamado Terapia de Aceitação e Compromisso (ACT, na sigla em inglês), que nos ensina a estar dispostos a experimentar sentimentos desconfortáveis e não permitir que eles nos impeçam de fazer coisas que nos interessam. Você terá uma chance de realizar um exercício baseado nos princípios da ACT em breve. Mas antes, vamos dar uma olhada em um exemplo de como isso pode acontecer na vida de uma ex-procrastinadora, a quem vou chamar de Renata.

Renata precisava fazer uma grande apresentação sobre um bem-sucedido projeto liderado por ela para seu chefe e vários executivos. Ela tinha uma semana para se preparar. Não havia nenhuma razão para que adiasse os preparativos para uma reunião que a faria parecer incrível, mas ela esperou até que estivesse bem em cima do prazo para começar. Essa não foi a primeira vez. Por que Renata criaria problemas como esse para si mesma?

Quando ela finalmente decidiu fazer algo em relação a seu padrão de se preparar de última hora e ficar em pânico por causa disso, ela tomou medidas para descobrir a causa da sua procrastinação: a *ansiedade*. Havia muita coisa a seu favor nessas reuniões. Sempre que ela começava a se preparar, ficava ansiosa, pensando que seria julgada por seu chefe e outros executivos. Quando se sentia assim, ela parava imediatamente de fazer a tarefa que desencadeava esse sentimento, e, com isso, a apresentação continuava sendo adiada. Renata acabou aprendendo que não precisava se livrar da ansiedade que sentia ao preparar suas apresentações: na verdade, ela deveria aprender a lidar com a ansiedade que vinha à tona enquanto se preparava. Com a ajuda das técnicas da ACT, ela foi capaz de se preparar para a próxima apresentação apesar das pequenas ondas de ansiedade que sentiu ao longo do caminho. Com o tempo extra que teve, ela conseguiu fazer uma das suas melhores apresentações até então.

Nenhum de nós pode desejar que sentimentos desconfortáveis associados a certas tarefas desapareçam em um passe de mágica — em vez disso, devemos aprender a seguir em frente mesmo quando temos sentimentos e pensamentos desconfortáveis. Uma vez que a fuga emocional tem um grande papel na procrastinação, para inibi-la, você precisa estar preparado para sentir certo desconforto enquanto trabalha com os sentimentos *por trás* da procrastinação. Isso não vai matá-lo, eu prometo. Muitas vezes, aprendemos mais e experimentamos um maior crescimento pessoal quando saímos da nossa zona de conforto.

Reflexão sobre a aceitação

Praticar a aceitação é uma forma poderosa de se aborrecer menos com sentimentos desconfortáveis quando eles vêm à tona — sabe, aqueles sentimentos que fazem com que você queira evitar seja lá o que estiver causando-os. Aceitar alguma coisa significa ter compaixão em relação a ela, sem julgar nem tentar mudar a situação. É algo difícil de se fazer, mas possível.

Na primeira vez que você tentar este exercício, gaste de dois a três minutos nos passos a seguir. É possível fazer isso por blocos de tempo maiores se quiser, quando já estiver familiarizado com o processo. Quanto mais praticar a aceitação (ao invés de resistir ou evitar algo), menos as emoções desconfortáveis vão interferir na sua capacidade de realizar tarefas importantes — mesmo quando elas provocarem ansiedade.

1. Sente-se em uma cadeira com seus pés no chão e fique confortável. Coloque as palmas das suas mãos no colo e feche seus olhos. Respire naturalmente.

2. Passe alguns momentos sentindo o movimento e o ritmo de sua respiração, concentrando-se em cada inspiração e expiração. Não tente mudar nada em sua respiração. Basta observá-la e aceitá-la como é com gentileza e compaixão.

Além da autoajuda

Durante este processo, você pode descobrir que tem reações emocionais fortes ou mesmo avassaladoras com as quais sente não conseguir lidar. Você também pode sofrer de depressão crônica, ansiedade ou outros problemas que estão afetando sua produtividade e causando procrastinação e outras questões em casa e no trabalho. Neste caso, procure um diagnóstico, uma terapia e o apoio de um médico profissional.

Embora as técnicas deste livro sejam apoiadas pela ciência, comprovadas e testadas, algumas pessoas precisam de intervenção médica e terapia para resolver seus problemas. Alguns dos clientes que oriento sobre produtividade também se beneficiam ao aplicar seus aprendizados em outros aspectos de sua vida pessoal e profissional com um terapeuta. Eu sempre recomendo buscar ajuda adicional caso seja preciso.

3. Observe como suas costas se repousam contra a cadeira e como seus pés tocam o chão. Perceba outras sensações corporais e a temperatura da sua pele. Novamente, não tente mudar ou julgar qualquer coisa. Basta observar e aceitar gentilmente quaisquer sensações físicas que você estiver experimentando com gentileza e compaixão. Você não precisa se livrar do desconforto nem deve se concentrar nisso. Basta observar.

4. Continue apenas atento às sensações da sua respiração e do seu corpo. À medida que os pensamentos e sentimentos surgirem, aceite-os também com gentileza e compaixão. Mais uma vez, não tente se livrar ou se ver preso a eles. Basta continuar observando sem julgar. Tenha consciência de que você está *tendo* um pensamento ou um sentimento, mas reconheça também que ele não define quem você é. Caso ajude, use a técnica de notas mentais que você aprendeu na página 35 para identificar e reconhecer o pensamento ou o sentimento.

5. Permita-se continuar a observar sem julgamento por alguns momentos antes de abrir os olhos. Quando abrir, tente se aproximar do projeto que você vem procrastinando com essa mesma consciência compassiva.

Você pode fazer este exercício quando quiser, mas, por agora, tenha seu caderno em mãos. Passe alguns minutos imaginando que você está fazendo a tarefa que tem evitado. Veja a si mesmo passando por diferentes momentos mesmo quando sentimentos desconfortáveis como ansiedade, medo, raiva e tédio vierem à tona. Imagine reconhecer esses sentimentos com gentileza e compaixão enquanto você persiste na atividade até a sua conclusão. Agora, em seu caderno, reflita sobre essa experiência:

- Como lhe pareceu?
- Que sentimentos isso desencadeou?
- Como você agiu?
- Como você se sentiu quando a tarefa foi cumprida?

EXERCÍCIO: As cinco principais razões para continuar

Este exercício ajuda a conectar a tarefa que estamos fazendo agora mesmo (preencher uma papelada, por exemplo) com a verdadeira razão pela qual estamos fazendo a tarefa (porque é parte de nosso trabalho e precisamos ganhar dinheiro para sustentar nossa família). Porque valorizamos nossa família, fazer esse trabalho burocrático adquire mais significado. Alguns de nós podem ter a sorte de encontrar trabalhos pelos quais são apaixonados e que valorizam a contribuição, mas muitas pessoas estão apenas trabalhando para pagar suas contas. Talvez elas valorizem a independência que o trabalho lhes proporciona mesmo que não estejam entusiasmadas com seus empregos.

Embora você possa pensar nas cinco principais razões para qualquer aspecto da sua vida (e eu o encorajo a fazer isso), vamos considerar agora as razões pelas quais você tem um emprego para começo de conversa.

Algumas das razões podem ser:

- Para ajudar a sustentar sua família
- Para experimentar o crescimento pessoal
- Para dar uma contribuição positiva
- Para interagir com os outros
- Para trabalhar em prol de seus objetivos profissionais
- Para evitar o tédio

Por exemplo, você pode trabalhar meio período e receber um salário mais baixo porque tem filhos pequenos e quer estar presente em casa após as aulas deles. Neste caso, você valoriza ser pai ou mãe, e este emprego lhe dá a oportunidade de ganhar algum dinheiro e estar disponível para seus filhos. Pense bem nisso para conectar o que você está fazendo profissionalmente com o que você valoriza.

Em seu caderno, nomeie uma nova página: "As cinco principais razões pelas quais eu faço este trabalho". Em seguida, pense cuidadosamente por que você escolheu esse emprego e liste suas cinco principais razões para fazê-lo. Essas são todas as razões de que precisa para continuar com a tarefa que tem evitado.

Se você está lutando contra a procrastinação em uma área diferente, sinta-se à vontade para revisar seu título. Por exemplo, "As cinco principais razões pelas quais eu quero perder peso". Seus motivos podem ser: "para evitar doenças relacionadas ao peso" (porque você valoriza sua saúde), "para estar por perto de meus netos por mais tempo" (porque dá valor à família) e assim por diante. Todas essas são excelentes razões para parar de adiar o início de alguma atividade física.

Medo do fracasso

O medo do fracasso é uma poderosa barreira emocional que nos impede até mesmo de começar a agir em direção aos nossos objetivos. E se você tentar, dando realmente tudo de si, e ainda assim fracassar? Isso não seria pior do que nem sequer ter tentado?

O medo de fracassar, especialmente no contexto profissional, é uma preocupação racional. Seu gerente vai ficar chateado? Você perderá o respeito dos colegas? Você poderia até mesmo perder o emprego? Damos força a esse medo pensando nos piores cenários possíveis do que poderia acontecer caso falhássemos. Então, adiamos o início da tarefa. Na maioria dos casos, os terríveis resultados que nossas mentes imaginam são muito exagerados, e é pouco provável que eles sequer venham a acontecer. Achar que nossos piores cenários imaginados são possibilidades reais nos traz mais problemas do que soluções.

Darei um exemplo de minha própria vida: em um certo emprego, esqueci de concluir uma tarefa prevista para uma sexta-feira e passei todo o fim de semana preocupado por não ter não cumprido o prazo e pensando quais seriam as repercussões disso. Na segunda-feira seguinte, terminei a tarefa e a entreguei ao meu gestor. Ele não disse uma palavra sobre o atraso. Resultado: fiquei sentindo uma agonia tremenda durante todo o fim de semana por nada, pensando na pior das hipóteses que era, de fato, extremamente improvável que ocorresse. Como a resposta do meu gestor ao meu prazo perdido, a maioria das coisas com as quais nos preocupamos nunca acontece. Se olhássemos para esses piores cenários imaginados com um olhar de fora, nos seria óbvio que a maioria deles, de fato, não aconteceria.

Todos nós, de vez em quando, passamos um tempo precioso nos preocupando à toa e sentindo ansiedade. Se, no seu caso, isso ocorre regularmente, busque ajuda médica e terapia para ajudá-lo a lidar com essa situação. Os exercícios deste livro podem ajudar você a lidar com a ansiedade do dia a dia que todos nós sentimos às vezes, mas se você perceber que a sua ansiedade está interferindo na forma como está agindo no seu cotidiano, considere buscar ajuda profissional.

EXERCÍCIO: Lide com a preocupação

O exercício a seguir pode ajudá-lo a lidar com sua preocupação, especialmente quando se trata de ficar preso ao pensamento sobre os piores cenários possíveis.

1. **Avalie a probabilidade:** em uma escala de um a dez, qual é a probabilidade *real* daquilo que o preocupa acontecer? Você já previu problemas similares no passado? Com que frequência essas outras preocupações efetivamente tornaram-se realidade? Como você pode reduzir a probabilidade de que aquilo com o que você se preocupa aconteça?

2. **Considere todos os cenários possíveis:** muitas vezes pensamos no pior cenário possível quando estamos preocupados, assim, além do pior cenário possível, imagine também um cenário de médio alcance e o melhor cenário possível. Qual desses é mais provável de acontecer?

3. **Descubra maneiras de lidar com a preocupação:** se o pior cenário ocorresse, como você lidaria com ele? Esquematizar ações para os piores cenários pode ajudar a aliviar sua preocupação porque você terá um plano caso eles realmente aconteçam. Você é muito mais capaz do que pensa!

Um fracasso no trabalho pode ser mais uma experiência de aprendizagem do que o pesadelo de fim de carreira que você imagina. Não fazer uma tarefa designada gera um risco muito maior de irritar o seu gestor e, em casos extremos, poderia resultar em demissão. Afinal de contas, se você nem mesmo tenta fazer o trabalho, por que eles não deveriam trazer alguém que consiga? Isso também se aplica a fracassos em qualquer área de sua vida. Se você não tentar, nunca colherá as recompensas do sucesso, e se você falhar, aprenderá uma lição valiosa: tente uma abordagem diferente na próxima vez.

Medo do sucesso

O medo do fracasso faz sentido, mas por que alguém temeria o contrário? O medo do sucesso muitas vezes ocorre quando estamos apreensivos sobre o que vem depois de termos conseguido cumprir uma tarefa ou alcançar um objetivo. Podemos nos fazer perguntas como:

- Se eu tiver sucesso em algo, será que isso elevará a expectativa a um nível insustentável?
- Vou atrair mais atenção e maiores expectativas?
- Meus colegas de trabalho acharão que estou sendo favorecido pelos nossos superiores?
- Serei promovido para um cargo que exija além das habilidades que tenho agora?
- Estarei tão ocupado que não terei tempo para minha família?
- O que me restará a fazer se eu for bem-sucedido nisso?

Uma preocupação comum é que o sucesso nos leva a territórios inexplorados. Podemos começar a trabalhar com pessoas de um nível hierárquico superior ao dos antigos colegas. Podemos nos sentir mais expostos, sob mais pressão ou escrutínio, e talvez não estejamos preparados para lidar com isso. Quando estamos inseguros, o sucesso pode parecer quase tão assustador quanto o fracasso. Mais uma vez, esse medo geralmente é superestimado.

Se você faz sucesso em algo, geralmente não é apenas sorte — provavelmente é porque você é capaz ou habilitado para essa tarefa. Quando esse é o caso, é muito provável que você consiga replicar o sucesso de tarefas similares atribuídas a você no futuro, especialmente à medida que adquirir experiência. Lembre-se sempre de que é sua escolha fazer mais e conseguir mais. Por exemplo, você não tem que aceitar uma promoção se a nova função não se encaixar em suas habilidades e aspirações. Mas tenha em mente também que é possível aprender novas habilidades das seguintes maneiras:

- Experimentando coisas novas
- Fazendo cursos em uma faculdade local
- Fazendo cursos on-line
- Procurando tutoriais on-line
- Obtendo suporte de fornecedores de software ou de ferramentas
- Obtendo ajuda em fóruns (Adoro essa técnica. Eu posto perguntas em fóruns on-line e recebo várias respostas úteis em até 24 horas.)

EXERCÍCIO: Técnica da seta descendente

Para este exercício, estamos usando uma técnica da Terapia Cognitivo-Comportamental (TCC). A TCC é uma forma eficaz de terapia comportamental que ajuda a reestruturar padrões de pensamentos negativos em pensamentos positivos que eventualmente levam a ações positivas.

A técnica da seta descendente ajuda você a tomar o controle de seus pensamentos casuais e (especialmente se o seu cérebro funciona como o meu) caóticos, explorando-os mais intensamente a fim de chegar à causa de seus pensamentos negativos e decidir se eles são realistas.

Eis como isso funciona — em seu caderno, nomeie uma nova página: "Pensamento Negativo". Mantenha o caderno por perto. Quando tiver um pensamento negativo, escreva-o. Depois de tê-lo escrito, desenhe uma seta para baixo para a próxima linha e escreva por que esse pensamento é importante para você. Então desenhe outra seta para baixo e escreva por que você está preocupado com isso. Fazer isso lhe ajuda a se aprofundar no pensamento ou na emoção. Continue descendo até chegar ao fim, ou à raiz, do problema.

Aqui está um exemplo do meu passado, quando percebi que adiava as tarefas que me levariam a ser capaz de ministrar workshops:

Eu não quero falar na frente das pessoas.

↓

Outros palestrantes parecem muito mais atraentes do que eu.

↓

Eu não gosto da minha aparência.

↓

Sou gordo e feio.

↓

As pessoas vão me rejeitar porque eu não sou atraente o suficiente.

↓

Tenho medo de ser rejeitado.

Esse exemplo é obviamente um obstáculo emocional que consegui superar, pois já falei com milhares de pessoas em eventos e workshops. E não, eu não me tornei, do nada, bonito como uma estrela de cinema com um corpo em forma do dia para a noite. Percebi que o público me acompanha e aprecia meus seminários, mesmo que eu não pareça com o Brad Pitt.

Mas encontrei a causa do problema — não gostava da minha aparência e acreditava que seria rejeitado porque me sentia gordo e feio. Uma vez identificado esse problema, comecei a trabalhar em técnicas para melhorar meu pensamento e minhas reações emocionais relacionadas a essa crença. Mais importante, não deixei meu medo irracional me impedir de fazer o trabalho que amo. Experimente essa técnica sempre que tiver pensamentos negativos até encontrar a causa de cada problema.

EXERCÍCIO: Reformulando pensamentos negativos

Em algum momento, provavelmente você já se deparou com pessoas tentando empurrar crenças do tipo "o poder do pensamento positivo", "pense e fique rico", entre outras baboseiras, sugerindo que tudo o que se deve fazer é pensar da maneira certa e assim você se tornará magicamente saudável e rico da noite para o dia. *Até parece.* Mudanças na saúde e na vida financeira exigem trabalho e não apenas otimismo. Mas ainda há algo a ser dito sobre o pensamento positivo, especialmente quando você considera seu oposto: o pensamento negativo.

O pensamento negativo é como um veneno que corrói a autoconfiança e o bemestar emocional. Como é possível ter sucesso e ser produtivo quando há sempre um crítico interior sussurrando o quão incompetente ou indigno você é? Quando estamos envoltos em pensamento negativo, nos concentramos em cada coisa ruim que aconteceu e removemos todas as coisas boas. Ao aplicar um filtro de negatividade, estamos nos preparando para uma experiência ruim.

Pense nisso como o paradoxo do "copo meio cheio versus copo meio vazio". Ambos estão tecnicamente corretos, mas podemos escolher como vemos o copo. Da mesma forma, podemos optar por uma perspectiva positiva ou negativa. Está provado que sorrir, mesmo quando você não está feliz, na verdade, o torna mais feliz ao longo do tempo. Da mesma forma, precisamos desligar a voz da crítica interna, substituindo essa trilha sonora interna desagradável por pensamentos mais poderosos e positivos.

Lembre-se que os pensamentos não são fatos. Quando eu achava que não valia a pena para as pessoas me ouvirem porque era gordo e feio, me preocupava se tinha alguma importância eu não ser a pessoa mais atraente do mundo. O público ainda me ouviria se eu tivesse algo sobre o qual vale a pena falar? Ao me tornar mais positivo sobre a minha autoimagem, construí uma carreira de sucesso como palestrante. O conhecimento e a paixão que compartilhei com meu público superou e muito minha aparência. E todos amam meu chapéu de "Capitão Tempo" — um chapéu marrom estilo *steampunk* com óculos de proteção em forma de relógio que compõe meu visual.

Portanto, vamos reformular alguns pensamentos negativos como positivos — ambos podem ser verdadeiros, mas você pode escolher em qual deles irá se concentrar. Em seu caderno, nomeie uma nova página: "Do Negativo ao Positivo". Desenhe uma linha no centro da página. Intitule a primeira coluna como "Negativo" e a segunda coluna como "Positivo". Em seguida, liste os pensamentos negativos que você tem sentido ultimamente. Para cada negativo, pense em um positivo. Seguem alguns exemplos para que você possa começar.

NEGATIVO	POSITIVO
Fiz besteira em uma tarefa.	Eu realizei muitas outras tarefas hoje de maneira impecável. Um único erro pode ser facilmente corrigido. Não voltarei a cometer esse erro.
Meu chefe criticou meu trabalho. Sou um fracasso.	Meu chefe me deu um feedback que me ajudará a realizar melhor essa tarefa na próxima vez.
Sou gordo e feio, por isso nunca vou encontrar o amor.	Eu tenho muitas características físicas atraentes. Para acentuá-las, posso pedir ajuda a uma consultoria de imagem para renovar meu guarda-roupa e aprender a me apresentar melhor.
Odeio o ambiente do meu escritório.	Meu escritório é um lugar seguro para trabalhar. Posso decorar com obras de arte ou mudar a iluminação para tornar este espaço mais acolhedor.

Ser gentil consigo mesmo é um dos estimulantes mais poderosos à autoimagem que você pode cultivar. Para me tirar do caminho dos pensamentos negativos, frequentemente uso mantras — frases que me lembram de pensar de maneira produtiva.

Aqui está um mantra que eu gosto de usar: "Cultivar a vida que eu quero, com cada pensamento e com cada ação". Acho esse mantra útil porque ele me lembra de me perguntar continuamente: *Este pensamento ou ação ajuda a cultivar a vida que eu quero para mim?* Se a resposta for não, eu transfiro minha energia para os pensamentos e ações que me levam aonde eu quero ir.

Primeira semana: Plano de ação

Em seu caderno, nomeie uma nova página: "Plano de ação: Uma tarefa". Depois, pense em uma das tarefas que você tem adiado. Escolha uma e a anote abaixo do título. Usando o que você aprendeu até agora, identifique que emoção ou consequência em potencial que você tem evitado ao não fazer essa tarefa e anote isso também. Pratique aceitando quaisquer emoções desconfortáveis que você sentir enquanto faz esta tarefa, seguindo as técnicas deste capítulo. Com isto em mente, crie um plano de ação para começar essa tarefa logo de manhã. Segue um exemplo de como estruturar esse plano de ação caso você queira pedir um aumento:

Plano de ação: Uma tarefa
Tarefa: Peça um aumento

Minha estratégia: criar um plano passo a passo para justificar por que eu mereço um aumento e elaborar um discurso. Minhas etapas de ação incluirão:

1. Encontrar informações salariais comparativas.

2. Fazer uma lista das minhas realizações.

3. Preparar meu discurso.

4. Praticar o discurso.

5. Receber um feedback de um mentor/colega de confiança sobre o discurso.

6. Agendar uma reunião com meu gestor para fazer o pedido.

Medo de confrontação;
medo de perder meu emprego;
medo de rejeição

Em uma tarefa como essa, é improvável que você consiga fazer tudo em apenas um dia, e não há problema nenhum nisso. Ter um plano de ação em vigor ajudará você a dar passos firmes em direção ao resultado desejado. Se ela precisar de um envolvimento maior como o exemplo anterior, reserve de meia hora a uma hora de cada dia para garantir que tudo seja feito.

Se for algo menos complicado, é possível trabalhar nisso por apenas quinze minutos por dia — ou talvez a tarefa seja algo que possa ser realizado em um único dia. No exemplo anterior, você poderia usar seus blocos de tempo para formular um forte argumento de por que deve receber um aumento. Uma tarefa como essa poderia ser concluída dentro de uma semana, dedicando seu tempo a cada uma das tarefas menores todos os dias.

Quando seu plano estiver pronto, comece com o primeiro passo no dia seguinte. Sim, isso pode o deixar desconfortável, mas continue dando o próximo passo de qualquer maneira, até concluir a tarefa.

APRENDIZADOS

VOCÊ APRENDEU QUE:

- Tornar-se autoconsciente e atento é o primeiro passo para acabar com a procrastinação.
- Sempre haverá desconforto, e o sucesso vem quando aprendemos a trabalhar com o desconforto.
- Encontrar as verdadeiras razões que o levam a procrastinar ajuda na elaboração de estratégias para lidar com elas.

VOCÊ APRENDEU A:

- Tornar-se mais atento na realização de tarefas
- Analisar uma tarefa e encontrar a razão pela qual a evita
- Ficar à vontade com o desconforto
- Substituir pensamentos negativos por pensamentos positivos para seguir em frente

3

SEGUNDA SEMANA: CONSTRUA SUA SUPERESTRUTURA

Por que você precisa de uma superestrutura

Na engenharia, uma "superestrutura" é uma estrutura construída sobre algo, como os mastros e a armação acima do convés do navio que sustentam as velas que o impulsionam para frente. Da mesma forma, eu vou ajudá-lo a construir uma "superestrutura de sucesso" sobre sua agenda existente para garantir que suas importantes tarefas sejam concluídas e "movidas para frente" como o navio.

Pessoas mais bem-sucedidas e produtivas do que você podem não ser as mais brilhantes ou as mais talentosas. Elas apenas têm melhores sistemas de navegação. Pessoas bem-sucedidas não apenas trabalham duro; elas têm superestruturas que sustentam seu sucesso. Um bom sistema de suporte é muito mais poderoso e impactante na sua produtividade diária do que trabalhar por mais horas para tentar recuperar o atraso. Sua superestrutura de sucesso o ajuda a:

- Criar um espaço central para manter e organizar suas tarefas e anotações
- Oferecer sistemas para lidar com subordinados, gestores, terceirizados e colegas de trabalho; no caso da vida pessoal, criar

maneiras para se voluntariar ou oferecer ajuda para membros da sua família

- Manter-se concentrado na tarefa que tem em mãos
- Reduzir as distrações
- Superar obstáculos
- Seguir um caminho de combate à evasão que pode levar à procrastinação

Ter seu próprio sistema de sucesso faz com que seja muito mais fácil de entrar em um fluxo de alta produtividade, alcançar seus resultados e parar de perder tempo com outras coisas. O sistema ajudará você a vencer a procrastinação, certificando-se de que a sua tarefa com maior prioridade seja sempre a próxima.

Nesse ponto, muitos profissionais de marketing poderiam "sugerir" que você comprasse o incrível "sistema" de 2.997 dólares que eles oferecem e que consiste em um pacote de softwares e um "plano" de treinamento que você *precisa* adquirir para ser realmente bem-sucedido. Bom, eu acho que estou perdendo uma grande oportunidade de ganhar dinheiro, pois estou prestes a lhe mostrar como construir seu próprio sistema de sucesso usando um caderno barato, uma caneta e alguns aplicativos e programas opcionais.

Como construir sua superestrutura

Como seria uma superestrutura voltada à conclusão de tarefas? Você já tem uma rotina de quando deve estar no trabalho ou quando seu dia começa em geral. A superestrutura é uma agenda à parte, do tipo "coisas a serem feitas", que designa quando cada categoria de tarefas deve ser feita.

Com poucos ajustes, você também pode aplicar isso às suas tarefas domésticas e responsabilidades e objetivos pessoais. A superestrutura dará conta dos prazos e datas de vencimento, bem como das tarefas prioritárias ou mais importantes.

Passo 1: Aprenda a fazer a triagem

Na área médica, a triagem é quando você avalia rapidamente pacientes em uma situação de emergência para garantir que quem esteja em situação mais crítica receba ajuda primeiro. Um paciente com um braço quebrado pode esperar um pouco, enquanto a vítima de um ataque cardíaco precisa de socorro imediato. Da mesma forma, ao fazer uma "triagem de tarefas", você vai olhar para a sua lista de afazeres e identificar quais são os mais importantes e quais podem ser resolvidos mais tarde. Isso pode ser feito atribuindo níveis de prioridade e datas de vencimento para cada item.

Durante a triagem de tarefas, é importante lembrar de que você não "faz" nenhuma tarefa — você está apenas classificando e priorizando os itens para colocá-los em ordem para realizá-los no futuro. Essas decisões devem ser bem rápidas — não se preocupe muito com cada tarefa ou comece a pensar em como fazê-las. Pense nisso da mesma forma que você separa suas roupas na lavanderia: você simplesmente joga cada tipo de roupa em uma cesta sem analisar muito. O passo 2 irá ajudá-lo a estabelecer prioridades e decidir em quais "cestas" deve colocar suas tarefas.

Passo 2: Fluxo de trabalho

A cada dia, você recebe um fluxo constante de novas tarefas. Se você se dedicar sempre às mais novas, as mais antigas nunca serão feitas. Se você as executar na ordem em que entram, as tarefas mais antigas serão feitas primeiro, mas os itens novos e urgentes terão que esperar muito tempo. Em vez disso, você precisa de um sistema em que as prioridades são identificadas durante a sua triagem, para que elas sejam concluídas o mais rápido possível.

Vamos começar descobrindo como classificar as suas tarefas. Se você já tem um sistema de gestão de tarefas com níveis de prioridade incorporados, você pode usá-lo, mas caso contrário, sugiro duas opções a seguir:

OPÇÃO 1	OPÇÃO 2
Urgente	5
Alta	4
Média	3
Baixa	2
Opcional	1

Para a opção 1, você classifica qualquer tarefa como "Urgente" se ela tiver que ser feita imediatamente. "Alta" deve servir para designar as que têm alta prioridade, "Média" para média prioridade, e por aí vai. A opção 2 oferece uma hierarquia numérica em que 5 é o nível mais alto de prioridade, e 1 é o mais baixo.

Normalmente, poucas tarefas devem ser urgentes. Não mais do que dez por cento delas deve ser classificado como urgente ou ter um nível elevado (5 ou 4). Uma vez que tenha as tarefas ordenadas por prioridade, você começaria trabalhando nos itens urgentes até a conclusão de todos e depois passaria para as atividades do próximo patamar. Ao passar por todas as de prioridade alta, então você começaria a lidar com as de média prioridade e depois com as de nível mais baixo.

No trabalho, é possível que você precise da ajuda de seu gestor para definir as tarefas com maior prioridade. Se você não tiver acesso ao quadro geral, você pode assumir que uma tarefa apresenta maior ou menor prioridade do que realmente tem e deixar de concluir tarefas-chave. Peça a seu gestor que atribua um nível de prioridade a todas as novas tarefas e datas de vencimento, se for o caso. Isso facilitará as coisas no futuro. Em casa, essa decisão pode ser tomada junto com quaisquer outros tomadores de decisão do seu lar.

As datas de vencimento também podem impactar a categoria onde uma tarefa se insere em seu fluxo de trabalho diário. Talvez um determinado item seja apenas de média prioridade, mas seu prazo é na próxima quinta-feira. Supondo que levará uma hora para concluí-lo, você deve alterar o nível de prioridade para alto se for resolvê-lo na próxima quarta-feira ou para urgente se deixar para quinta-feira, caso ele não esteja concluído antes disso.

Se você for um gestor ou responsável em delegar tarefas a outros, é melhor delegar as atividades à sua equipe primeiro antes de trabalhar em suas próprias tarefas de alta prioridade. Isso faz com que outras pessoas já comecem a atuar no projeto, e toda a equipe pode produzir sem ficar parada à espera de tarefas ou informações vindas de você.

Ao designar ou receber tarefas, é útil ter em mãos todas as informações que você precisa para completá-las. Aqui vai um exemplo do que você deve incluir ao atribuir tarefas ou do que você deve pedir ao receber tarefas:

- Nome da tarefa
- Data de vencimento
- Nível de prioridade
- Responsável (pessoa designada para concluir a tarefa)
- Gerente de tarefas (pessoa responsável por conferir a tarefa concluída)
- Instruções da tarefa (detalhes sobre o que a tarefa envolve)
- Categoria da tarefa (tais como entrada de dados, marketing, recursos humanos, clientes etc.; isso ajuda a garantir que você está dedicando tempo suficiente em cada uma de suas funções)
- Anexos/materiais (se necessários para concluir as tarefas)
- Recursos de treinamento (links para vídeos ou documentos de treinamento sobre como fazer a tarefa; eu tenho uma videoteca de tarefas comuns para auxiliar os meus assistentes virtuais)

Caso decida organizar suas tarefas no computador, você pode criar uma coluna para cada uma delas. A maioria dos sistemas de gestão de tarefas apresentam esses campos, ou você pode montar uma tabela simples no Microsoft Excel (ou em qualquer outro software de planilhas) ou em seu programa de edição de texto.

Se preferir usar um sistema digital de gestão de tarefas, seguem alguns gratuitos:

Trello: um sistema visual de arrastar e soltar cartões no qual cada tarefa é um cartão. Apresenta também níveis de prioridade, datas de vencimento e opções de designação para membros da equipe.

Airtable: um sistema versátil de "banco de dados com planilha eletrônica" que pode ser personalizado para quase qualquer uso. Eu uso como um sistema de gestão de tarefas, sistema de gestão do relacionamento com o cliente, banco de dados de oportunidades e calendário editorial, dentre outros muitos usos. Eu também crio bancos de dados para os projetos de meus clientes para que eles possam ver a situação do projeto em um relance.

O Trello é ótimo para pessoas que gostam de um sistema mais visual, e o Airtable é mais flexível para pessoas que gostam de mais personalização de visualização de dados. Há muitos outros sistemas de gestão de tarefas por aí, mas qualquer um desses dois já é suficiente para começar. Se você os usar por alguns meses e achar que precisa de mais recursos, pode valer a pena procurar outros programas.

Em relação a sistemas de gestão de tarefas, realmente ajuda ter um que funcione em múltiplos dispositivos. No meu caso, posso acessar meu sistema de tarefas em meu computador, laptop, tablet ou smartphone. Portanto, não importa para onde vou ou qual dispositivo tenho em mãos, posso executar e atualizar tarefas, fazer anotações e administrar o meu dia e os membros da minha equipe. Tanto o Trello quanto o Airtable podem ser usados via desktop ou mobile.

Passo 3: Uma coisa de cada vez

O conceito de multitarefa é um mito. Estudos científicos têm provado que mesmo mestres reconhecidos por serem multitarefa conseguem fazer mais quando lhes é permitido concentrarem-se em uma única tarefa por vez. Ser multitarefa paralisa a produtividade e nos torna mais suscetíveis à procrastinação. Isso porque quando fazemos várias atividades ao mesmo tempo, realmente não estamos fazendo mais do que uma coisa de cada vez — temos pequenos períodos de microfoco espalhados por muitas tarefas. Esse foco disperso significa que cada uma delas não está recebendo nossa total atenção, levando a um trabalho de má qualidade. Ao microfocalizar continuamente nas tarefas menores e mais fáceis, passamos a evitar as maiores e mais difíceis. Mas qual seria a alternativa a isso? Escolher uma única tarefa.

Uma vez que você tenha priorizado as tarefas, concentre-se apenas no item mais urgente com um foco único e siga trabalhando nele até a sua conclusão. Depois passe para a segunda tarefa mais importante até terminá-la e assim por diante. Uma ótima maneira de realizar um item por vez é programar um temporizador para trinta minutos e trabalhar nele até que esteja concluído ou até que o temporizador fique zerado. Se você terminar a primeira tarefa em cinco minutos, vá para a próxima, e continue até o fim dos trinta minutos. Logo após, faça uma pausa de cinco minutos, reinicie o temporizador, definindo uma contagem regressiva de mais trinta minutos, e siga para a próxima atividade da lista. Continue desse modo até completar todos os afazeres. Essa técnica é conhecida como Técnica Pomodoro. Ela recebeu esse nome por conta de um temporizador de cozinha em formato de tomate (*pomodoro* significa "tomate" em italiano) utilizado pelo criador da técnica no final dos anos 1980 — um estudante universitário chamado Francesco Cirillo.

Você pode usar um temporizador on-line encontrado em um site ou em seu smartphone, ou um simples temporizador de cozinha (o formato de tomate é opcional). Eu uso o aplicativo de relógio padrão do meu telefone. Há também muitos outros aplicativos de temporizadores disponíveis para smartphones a explorar.

Aprender a se concentrar em uma única tarefa de cada vez é provavelmente *o* maior impacto positivo que você pode causar a sua produtividade, que vai muito além de coibir sua tendência de perder tempo fazendo tudo ou fazendo qualquer coisa. Quando você estiver sendo produtivo, você estará motivado para seguir fazendo um bom trabalho.

Passo 4: Crie a superestrutura do seu dia

Em seu caderno, nomeie uma nova página: "A superestrutura de amanhã". Use sua agenda como ponto de partida. Comece com compromissos, tais como reuniões e o seu intervalo para o almoço. Com o tempo restante, reserve blocos de tempo para cuidar das tarefas que você identificou como urgentes ou de alta prioridade.

Geralmente é mais eficiente trabalhar em lotes. Por exemplo, se você precisa escrever um artigo, faz sentido dedicar de trinta minutos a uma hora para a escrita em vez de se concentrar na atividade por cinco minutos e partir para verificar ou enviar um e-mail, fazer uma ligação etc. Seguem alguns exemplos de categorias de blocos de tempo:

- Planejamento
- Planejamento de seus resultados/dia/semana/tarefas e prioridades
- Desenvolvimento de produtos
- Escrever
- Planejamento de produtos
- Criação de produtos
- Marketing
- Criação de um plano de marketing
- Atribuição de tarefas de marketing
- Monitoramento de resultados
- Recursos humanos
- Recrutamento

- Treinamento
- Gestão de desempenho e coaching
- Atendimento ao cliente
- Respostas por e-mail
- Chamadas telefônicas e retornos de chamadas

Com base nesses blocos de tempo, a superestrutura de um dia se parecerá com essa:

AMANHÃ	BLOCOS DE TEMPO
9h	Atendimento ao cliente
10h	Marketing
11h	Recursos humanos
Meio-dia	Almoço
13h	Desenvolvimento de produtos
14h	Reunião
15h	Recursos humanos
16h	Planejamento

É fundamental lembrar que você vai estar trabalhando na tarefa de maior prioridade em cada categoria durante o bloco de tempo designado. Então, neste exemplo, você dará as respostas mais importantes para clientes durante o bloco "Atendimento ao cliente" e fará as tarefas de marketing de prioridade máxima durante o bloco de tempo "Marketing". Eu usei blocos de tempo de uma hora aqui, mas você pode trabalhar com blocos de meia hora ou de duas horas, dividir seus dias com focos para manhã e tarde ou definir dias em que você se concentrará em uma tarefa o dia inteiro, como escrever ou se dedicar ao marketing.

Você está se perguntando como é possível aplicar isso à sua vida pessoal e aos fins de semana? Também é possível usar uma superestrutura para fazer mais coisas em casa e ainda reservar tempo para a diversão. A próxima tabela ilustra bem isso.

SÁBADO	BLOCOS DE TEMPO
9h	Limpeza da garagem
10h	Limpeza da garagem
11h	Comprar ingredientes na mercearia para preparar o jantar com os amigos
Meio-dia	Almoço
13h	Caminhada/exercícios físicos
14h	Arrumar a sala de estar
15h	Começar a cozinhar
16h	Chegada dos amigos
17h	Servir o jantar
18h	Relaxar com os amigos

Ao reservar tempo para lazer, como divertir-se com amigos, ter encontros à noite e sair em dias de "aventura", pode ter certeza de que você estará aproveitando a sua vida enquanto faz mais atividades.

Onde o e-mail se encaixa?

Você já viu o programa de TV *Acumuladores Compulsivos*, em que as pessoas têm tantos objetos em suas casas que mal conseguem se mover dentro delas e ainda têm a saúde afetada? Alguns de nós temos o equivalente digital à desordem física desses acumuladores — especialmente na nossa caixa de entrada de e-mail. Tal como ocorre com esses acumuladores, isso afeta nossa saúde mental e gera altos níveis de estresse.

Passamos *muito* tempo em nossa caixa de entrada de e-mail, e pode ser intimidador ter de olhar uma enorme lista de mensagens sem resposta esperando por nós. As caixas de entrada desorganizadas não são culpa sua. Da maneira que o sistema de e-mails funciona, todos os envios chegam ao mesmo lugar. Então, um e-mail de um potencial cliente sobre um futuro grande negócio é tratado no sistema da mesma forma que uma piada enviada por um amigo, um aviso sobre um próximo evento que ocorrerá daqui a meses, ou até mesmo e-mails promocionais (spam).

Todos os e-mails novos que recebo são vistos diariamente, e minha caixa de entrada está sempre limpa. Não trabalho horas extras para fazer isso. Parece impossível, não é mesmo? Não é. Vou apresentar a você uma técnica que não leva mais de vinte minutos ao dia que resolverá seus problemas de desordem de e-mails. Essa técnica, conhecida como Inbox Zero, funcionará não importa qual sistema esteja usando. Veja:

Passo a passo da técnica Inbox Zero

A metodologia Inbox Zero lhe oferece um sistema para rapidamente encontrar seus e-mails de alta prioridade, organizando as mensagens para que você possa recuperá-las facilmente e terminar seu dia com uma caixa de entrada vazia. Veja os passos.

1. **Triagem de e-mails:** classifique os e-mails em categorias e níveis de prioridade (veja mais a seguir).

2. **Exclua e esvazie:** elimine quaisquer e-mails não críticos e esvazie sua pasta de lixeira de e-mails.

3. **Direcione:** encaminhe os e-mails que podem ser resolvidos por uma pessoa apropriada e peça a ela que cuide do assunto. Em seguida, apague ou arquive a mensagem para uma posterior recuperação, conforme for necessário.

4. **Responda:** responda e-mails de acordo com o nível de prioridade da forma mais eficiente possível e arquive-os para uma posterior recuperação, se necessário.

TRIAGEM DE E-MAILS (SELEÇÃO)

E-mails apresentam várias categorias e níveis de prioridade. Em seu e-mail de trabalho, você pode receber mensagens de clientes, de gestores, do departamento de recursos humanos, do departamento de vendas, de colegas etc. No caso do pessoal, você pode receber e-mails de amigos, de instituições de caridade, de grupos comunitários, de empresas de cartões de crédito etc. (Espero que tenha contas separadas para o trabalho e para a vida pessoal) Assim como as tarefas comuns, esses e-mails devem ser "triados" da mesma forma.

Isso pode ser feito usando pastas, rótulos ou categorias, dependendo do programa de e-mail que você usa. Em vez de verificar as mensagens partindo da caixa de entrada, é possível fazer uma triagem direto nas pastas/rótulos/categorias apropriadas. Crie pastas de triagem em seu e-mail para:

Agora: e-mails que devem ser abertos em primeiro lugar

Próximo: e-mails do próximo nível

Pendente: e-mails que você está esperando por mais informações para responder

Leitura: e-mails apenas para leitura, tais como newsletters

Arquivo: e-mails com assuntos que já foram resolvidos

Você tem uma pessoa cujos e-mails são prioridade? Alguém como o seu maior cliente ou o seu gestor? Você pode encaminhar automaticamente todos os e-mails dessa pessoa para a pasta "Agora" para garantir que ela receba sua atenção prioritária, usando a função de filtro em seu programa de e-mail.

Se um e-mail tiver uma data de vencimento, recomendo adicioná-lo à sua lista de afazeres com uma data de fechamento. Outra alternativa é adicionar o futuro e-mail à sua pasta "Pendente" e certificar-se de ter uma tarefa definida para conferir essa pasta específica uma ou duas vezes por semana. Há também ferramentas como o Boomerang para o Gmail que lhe permite arquivar suas mensagens e fazer com que elas retornem à sua caixa de entrada na data que você escolher.

Todas essas técnicas funcionarão, mas você precisa se certificar de definir, usar e se apegar a um sistema. Particularmente, eu apenas adiciono o e-mail à minha lista de gestão de tarefas juntamente com um link para o e-mail original. Explore o programa de e-mail que você usa para ver quais ferramentas estão disponíveis e comece a fazer bom uso delas.

Quando você tiver suas pastas organizadas, mova os e-mails para as suas respectivas novas casas. Não pense muito sobre cada um deles: as decisões precisam ser tomadas rapidamente, em poucos segundos. Você também pode recuperar e-mails depois, caso cometa algum erro. Tente não abrir todos os e-mails de uma só vez: em vez disso, arraste-os para "Agora", "Próximo", ou "Pendente" com base no remetente.

Lide com cada e-mail *apenas* uma vez. Apague, programe ou coloque-o na pasta apropriada para conferir de acordo com a ordem de prioridade.

Sua caixa de entrada *não* é um local de armazenamento

Apague os e-mails que você não precisa mais e esvazie a lixeira do seu e-mail. Certifique-se de que todos os e-mails importantes nas pastas "Agora", "Próximo" e "Pendente" sejam respondidos ou encaminhados e depois arquive-os. Não mantenha mil e-mails em sua caixa de entrada. Usando a técnica Inbox Zero, o número de e-mails presentes na caixa de entrada será zerado todos os dias.

Você pode transformar e-mails em tarefas, adicionando-os à sua lista de afazeres em ordem de prioridade. Dessa forma, você não tem listas de afazeres e de tarefas de e-mail separadas. O Gmail, por exemplo, tem um botão que pode ser adicionado ao seu navegador para acrescentar facilmente tarefas ao aplicativo de gerenciamento de projetos Trello.

E-mail pessoal versus e-mail de trabalho

Para ajudar a manter seu trabalho e sua vida pessoal separados, de modo que um não tire o foco do outro, recomendo a manutenção de contas de e-mail separadas para o trabalho e para a vida pessoal. Uma conta de e-mail pessoal separada o impedirá de ver e ficar obcecado com o trabalho durante o seu tempo livre à noite e nos fins de semana. Isso também ajuda a manter a privacidade da sua vida pessoal perante seu gestor e seus colegas de trabalho.

Conferindo apenas o e-mail pessoal durante o seu tempo livre, você pode responder a amigos e familiares de forma mais atenciosa. Se a sua caixa de entrada de e-mail pessoal estiver transbordando, você pode aplicar a técnica Inbox Zero para deixá-la sob controle.

Aplicativos e outros gerenciadores de e-mail automatizados

Há muitos aplicativos e sistemas automatizados que podem ajudar você a administrar seu e-mail. Vamos dar uma olhada em algumas das ferramentas que uso todos os dias e que podem funcionar para você também.

SOFTWARE DE EXPANSÃO DE TEXTO

Eu uso um software de expansão de texto chamado PhraseExpress para automatizar minhas respostas de e-mail e criar documentos. Existem outras versões, incluindo WordExpander e Breevy, e todos fazem basicamente a mesma coisa: eles permitem que você crie respostas comuns para inserir em qualquer e-mail, formulário ou documento com apenas alguns toques no teclado. As funções específicas que podem ser obtidas variam dependendo do software que escolher, mas com uma rápida pesquisa na internet, você encontra descrições de produtos e avaliações de clientes para ajudá-lo a decidir qual expansor de texto melhor atenderá às suas necessidades.

GERENCIAMENTO DA LISTA DE E-MAILS

Além de enviar e-mails individuais, também envio mensagens para muitos remetentes ao mesmo tempo. Isso me permite:

- Criar listas de pessoas por categorias de interesse
- Autorizar que as pessoas acessem *automaticamente* o conteúdo, inscrevam-se em eventos, assinem ou se descadastrem da lista
- Transmitir conteúdo para milhares de pessoas que estão ansiosas para recebê-lo
- Enviar uma série de e-mails automatizados para informar pessoas sobre um evento
- Disparar uma sequência de e-mails de lançamento de produtos para trazer pessoas ao meu funil de vendas

A ferramenta que utilizo para gerenciar a automação da minha lista de e-mails é a MailerLite. Ela é barata e fácil de se usar. Uma ferramenta de gestão e envio de lista de e-mails é fundamental para manter contato com meus assinantes, e a maior parte da minha renda vem da comunicação com a minha lista.

FILTRAGEM

Eu uso filtros no Gmail para classificar automaticamente os e-mails com base em quem os enviou. (Isso também funciona no Outlook e na maioria dos outros programas de e-mail.) Eles podem ser enviados diretamente para a pasta "Leitura" sem nunca chegar à minha caixa de entrada. Essa filtragem também me permite estabelecer níveis de prioridade e limpar o spam. Você pode usar também a filtragem para garantir que e-mails importantes entrem em sua pasta "Agora" automaticamente para economizar tempo na ordenação.

Seus afazeres diários

Uma lista de afazeres está no cerne do fim da procrastinação. Funciona assim:

- Serve como um ponto central para reunir todas as suas atividades
- Ajuda você a atribuir níveis de prioridade e datas de vencimento
- Mantém você concentrado na próxima tarefa que tem em mãos
- Assegura que você não esqueça tarefas importantes
- Monitora o que você fez no dia, o que lhe dá uma média da sua produtividade diária
- Dá a você um sentimento de realização à medida que risca cada tarefa concluída

Registro da lista de afazeres

Você se vê constantemente dizendo: "Eu tenho que me lembrar de fazer (preencha o espaço em branco)"? Muitas vezes, uma ou duas horas depois, você está quebrando a cabeça tentando lembrar que tarefa importante era essa. Nossa memória é um lugar pouco confiável para armazenar uma lista de tarefas. Comprometer-se a utilizar uma lista de afazeres lhe dará um sistema para registrar tarefas de forma rápida e fácil, conforme você lembra delas.

Você também pode usar gatilhos mnemônicos simples e físicos para aumentar sua consciência sobre o que fazer e colocá-lo de volta aos trilhos. Por exemplo, uma de minhas clientes tinha um podcast de sucesso que gerava muito engajamento com a comunidade que ela estava alcançando. Mas muitos membros da comunidade a chamavam apenas para jogar conversa fora, sem um objetivo real em mente além de socializar. As conversas se alongavam e minavam o tempo dela, sem gerar qualquer receita adicional. Por isso, criamos uma mnemônica muito simples — colar uma nota adesiva amarela na tela do computador e no telefone dela com os dizeres: *Quem está pagando por esse tempo?* As notas amarelas tiveram um enorme impacto ao lembrá-la de encerrar educadamente as chamadas improdutivas e voltar ao trabalho remunerado.

Por que fazer uma lista diária de afazeres?

Você precisa se comprometer a usar sua lista de afazeres diariamente como parte de seu sistema de produtividade. Se você parar de usar o sistema, ele não poderá ajudá-lo a evitar a procrastinação e a perda de tempo. Mesmo que você tenha apenas duas coisas para fazer no dia, ainda deve escrevê-las (em ordem de prioridade), adicioná-las à sua lista de afazeres e riscá-las quando forem concluídas. Assim, você começa a formar um hábito, e quando tiver mais itens em sua lista, já terá um sistema em vigor.

Mantenha-o em funcionamento

Pense em sua lista de afazeres diários como um documento vivo. Você estará continuamente reunindo novas tarefas, destacando as mais importantes e riscando as que foram concluídas. Assim como você daria atenção aos cuidados com uma pessoa, é preciso dar atenção à sua lista de afazeres.

Reveja sua lista ao final de cada dia. Adicione as tarefas restantes de hoje para a lista do dia seguinte junto com as outras tarefas previstas. Determine suas prioridades no final do dia e você poderá começar o dia seguinte seguro de que sabe quais são suas prioridades e do que precisa fazer logo cedo. Isso elimina as dúvidas sobre o que fazer no dia seguinte.

Confira o próprio compromisso com a lista de afazeres

Quando as pessoas começam uma lista de afazeres ou qualquer novo sistema, elas dão atenção a isso em um primeiro momento, mas depois geralmente voltam aos velhos hábitos — como esquecer-se de verificar a lista de afazeres, deixar de acrescentar novas tarefas e confiar em sua memória para saber o que deve fazer a seguir. Logo, elas acabam perdendo os muitos benefícios da lista de afazeres, tais como ter foco e prioridades claras e garantir que nada caia no esquecimento.

Assim como em uma nova dieta ou programação de exercícios, você se beneficia de seu novo sistema de lista de afazeres *somente* quando se apega a ele a cada dia. Portanto, olhe a lista regularmente. Verifique-a logo ao início da manhã para conferir qual tarefa tem prioridade. Quando voltar do almoço, verifique a lista novamente para ter certeza de que você ainda está trabalhando com uma ordem de prioridades. Após a conclusão de cada tarefa, interrupção, telefonema, pausa para ir ao banheiro etc., verifique a lista para conferir o que vem depois.

Certifique-se de não iniciar *nenhuma* tarefa sem antes consultar sua lista para ver qual é a próxima tarefa prioritária. Não inicie nenhuma nova tarefa até adicioná-la à lista de afazeres e dar-lhe um nível de prioridade. Sua lista de afazeres é o seu "livro sagrado" da produtividade. Comprometa-se com isso! Tenha fé de que isso irá ajudar.

EXEMPLOS DE FORMATOS DE LISTA DE AFAZERES

Aqui estão alguns formatos simples de lista de afazeres para você testar. São exemplos relacionados ao trabalho, mas também funcionam para qualquer tipo de lista de afazeres. Há também muitos aplicativos com modelos predefinidos, mas essas listas simples de tarefas podem ser feitas facilmente em um caderno ou em uma planilha eletrônica.

Exemplo 1: Lista numerada de prioridades

Neste exemplo, você simplesmente lista suas tarefas por ordem de prioridade:

1. Papel higiênico para o banheiro (todos nós sabemos por que isto é prioridade máxima)
2. Criar agenda para a reunião de marketing de amanhã
3. Retornar chamadas telefônicas
4. Responder e-mails
5. Revisar os pedidos de novas contratações
6. Brainstorm com a equipe sobre uma nova ideia de produto
7. Considerar o pedido de aparecer no *Dança dos Famosos*

Esse é um sistema muito simples, mas eficaz. Lembre-se de não acrescentar apenas tarefas no topo porque elas são fáceis ou porque você gosta delas — o item número um da lista deve ser a prioridade máxima independentemente da complexidade.

Você pode reescrever e revisitar as prioridades uma vez ao dia. Algumas pessoas deixam espaço no topo ou entre os itens em sua lista caso surja uma nova tarefa de maior prioridade. Como alternativa, você pode escrever a nova tarefa na parte inferior e destacá-la. Mas então você precisaria se lembrar de verificar também o final de sua lista!

Exemplo 2: Lista de afazeres por blocos de tempo

Você lembra de quando falamos sobre blocos de tempo para reservar um momento para cada uma de suas atividades? Eis como uma lista de afazeres organizada por blocos de tempo pode ser organizada:

- Administrativo
- Papel higiênico para banheiro
- Recursos Humanos
- Revisar os pedidos de novas contratações
- Serviços ao Cliente
- Retornar chamadas telefônicas
- Responder e-mails
- Marketing
- Criar agenda para a reunião de marketing de amanhã
- Considerar o pedido de aparecer no *Dança dos Famosos*
- Desenvolvimento de Produtos
- Brainstorm com a equipe sobre uma nova ideia de produto

É a mesma ideia, mas você apenas classifica as tarefas em suas categorias e as executa em ordem de prioridade ao longo dos blocos de tempo. De fato, nesse caso você não começa no topo da lista. Em vez disso, você olha para o seu bloco de tempo no calendário. Se for o bloco de marketing, você começaria com a primeira tarefa em "Marketing", que é criar a agenda para a reunião de marketing do dia seguinte. Esse é o sistema que eu uso — organizo tarefas em blocos de tempo e depois as realizo por ordem de prioridade.

Listas de tarefas digitais versus listas de afazeres feitas à mão

Mencionei anteriormente que algumas pessoas usam softwares para organizar suas listas de afazeres enquanto outras usam listas escritas, blocos de notas, diários ou agendas. Para ajudar você a descobrir qual método melhor se adequa às suas necessidades, seguem alguns prós e contras de cada um:

PLANNER FÍSICO (ESCRITO)	
PRÓS	**CONTRAS**
Escrever ajuda você a lembrar e a aprender	Possibilidade de perda
Designs diferentes para necessidades diferentes	Dificuldade em compartilhar o calendário
Não há necessidade de utilizar energia	Dificuldade para atribuir tarefas a outros
Oferece a você uma pausa da tecnologia	

PLANNER DE SOFTWARE (DIGITAL)	
PRÓS	**CONTRAS**
Fácil de compartilhar	Precisa de energia/recarga
Acessível em múltiplos dispositivos	Não pode ser sincronizado em áreas sem cobertura de dados
A versão para dispositivos móveis está sempre com você	Preso à tecnologia
Sem preocupações em relação a perdas	
Possibilita direcionar tarefas no sistema	
Alguns são customizáveis para atender às suas necessidades	

Minha primeira ferramenta de gestão foi um Day-Timer — um planner em estilo de agenda física. Como mencionei na introdução, foi um presente maravilhoso do meu antigo gestor. Meu Day-Timer funcionou muito bem durante anos. Mais tarde, quando comecei a gerenciar equipes remotas, passei a usar planners digitais, mas de vez em quando sinto falta do meu Day-Timer.

Para se organizar, tanto um planner físico quanto um digital funcionam e ajudam a manter sua lista de afazeres em dia, mas caso você precise gerenciar uma equipe maior ou trabalhar com equipes remotas, recomendo usar um digital como os já mencionados Trello ou Airtable (ver página 57).

Segunda semana: Plano de ação

Em seu caderno, nomeie uma nova página: "A Superestrutura de Amanhã". Consulte a primeira vez que você fez este exercício na página 59. Esta é uma atividade que você, de fato, fará repetidas vezes diariamente, a partir de agora.

Crie uma lista de afazeres em blocos de tempo ou uma lista numerada de prioridades para amanhã. Você pode tentar o oposto do que fez anteriormente para ver o que funciona melhor. A ideia é garantir que você possa visualizar primeiro e com facilidade a tarefa de maior prioridade, marcá-la como concluída e depois passar para a segunda tarefa mais importante e assim por diante. Usando o que aprendeu neste capítulo, crie uma agenda para amanhã, atribuindo tempo a cada uma das tarefas que você precisa realizar. Não se esqueça de reservar um tempo para a técnica Inbox Zero.

Se preferir, agora você pode inserir essas informações em um programa ou aplicativo, mas não deixe a busca pelo software perfeito lhe servir como desculpa para procrastinar. Se você ainda não tem uma boa ideia de qual ferramenta usará, utilize seu caderno por enquanto. Caso opte por pesquisar as possibilidades disponíveis, acrescente isso à sua lista de afazeres de amanhã e programe essa tarefa para depois de todas as suas tarefas com maior prioridade.

Não deixe de olhar para a sua agenda amanhã de manhã. Se necessário, coloque uma nota adesiva em seu computador ou mesmo no espelho do banheiro para se lembrar de olhar sua lista de afazeres antes de começar o dia.

De agora em diante, reserve um bloco de tempo no final de cada dia para criar sua superestrutura para amanhã.

APRENDIZADOS

VOCÊ APRENDEU QUE:

- O sucesso se origina de um bom sistema de produtividade.
- Uma lista de afazeres diários é o sistema-chave para parar de procrastinar e perder tempo.
- Trabalhar por ordem de prioridades maximiza sua produtividade e o ajuda a evitar a procrastinação.
- Sua caixa de entrada de e-mail serve para classificar e não para arquivar e-mails.
- Ser multitarefa não funciona — focar em cada tarefa é mais eficiente.

VOCÊ APRENDEU A:

- Criar uma lista de afazeres diários
- Priorizar suas tarefas
- Melhorar o seu foco e trabalhar em uma tarefa de cada vez
- Comprometer-se totalmente com a lista de afazeres como seu principal sistema de produtividade
- Zerar a caixa de entrada de e-mail todos os dias
- Tratar a lista de afazeres como um documento vivo, atualizando-a continuamente para o dia seguinte

4

TERCEIRA SEMANA: LIDE COM OS LADRÕES DO TEMPO

O que rouba seu tempo?

O tempo é muito valioso — mais valioso do que dinheiro. Pense nisso. Se você ficar sem dinheiro, sempre poderá encontrar maneiras de economizar, ganhar ou pedir mais emprestado. Mas se ficar sem tempo, sua sorte também acaba. Você não pode ganhar mais tempo ou pedir tempo emprestado a alguém! Mesmo a pessoa mais rica não pode comprar mais um ano de vida gastando todo o dinheiro quando está no leito de morte. Nesse sentido, o tempo não tem preço.

Mas o tempo é semelhante ao dinheiro na medida em que é uma commodity que você precisa conservar, e é algo que pode ser tirado de você caso não tenha cuidado. Assim como seu dinheiro pode ser levado por ladrões, seu tempo também pode ser roubado por aqueles que eu chamo de "ladrões do tempo". Você precisa tomar cuidado com os ladrões do tempo — essas pessoas e atividades que consomem o seu tempo valioso e o impedem de chegar às tarefas "reais" que você quer resolver! Vamos começar olhando para alguns ladrões comuns do tempo, e então eu irei ajudá-lo a descobrir como minimizá-los ou bani-los completamente.

Outras pessoas

Gosto de pensar no meu tempo em um dia como 24 moedas de ouro que tenho que gastar. Sou muito cuidadoso na forma como gasto minhas moedas de tempo e não deixo que outras pessoas, tarefas aleatórias ou meus dispositivos eletrônicos roubem minhas moedas e desperdicem meu tempo de maneiras que eu não gostaria. Vamos começar olhando para algumas das formas que os outros podem desperdiçar seu tempo e interferir na sua produtividade:

- Pedidos de ajuda
- Socialização e fofoca
- Conversas sem foco e sem objetivos específicos
- Reuniões
- Chamadas telefônicas não planejadas
- Chamadas telefônicas pessoais durante o horário de trabalho
- Chamadas de trabalho durante o tempo pessoal

Interagimos com as pessoas continuamente em nossos trabalhos e vidas sociais, logo, aprender a lidar de forma mais eficiente com elas pode gerar um enorme impacto na produtividade. Pense em quantas vezes ao dia você fala com um colega, subordinado ou gestor. Pense em quantas reuniões você tem que comparecer e quanto de seu tempo elas tomam a cada semana. Muitos escritórios estão agora abraçando um "conceito aberto" em que todos trabalham em um ambiente comunitário ao ar livre em vez de em escritórios ou baias separadas.

Enquanto a ideia por trás dos escritórios abertos é melhorar a colaboração, estudos têm mostrado que esse conceito, na verdade, reduz a produtividade.

As interações com outras pessoas ocupam muito do seu dia, então aprender a tornar essas interações mais produtivas é a chave para melhorar sua produtividade e manter-se concentrado nas tarefas que precisa realizar.

Mídia e dispositivos

Costumávamos nos preocupar apenas com chamadas telefônicas e pessoas nos interrompendo. Nas últimas décadas, essa lista de interrupções se expandiu muito. Além de telefonemas e interrupções presenciais, agora temos que enfrentar interrupções vindas de:

- Aplicativos e programas de computador
- E-mail
- Calendários on-line
- Smartphones
- Mídias sociais
- Sistemas de gestão de tarefas
- Ferramentas de colaboração de equipe
- Mensagens de texto
- Videoconferências

Pior ainda, nossos smartphones estão conosco em praticamente todo o tempo, e com eles recebemos ligações, e-mails, atualizações de mídia social, mensagens de texto e outras notificações ao longo do dia, tarde e até mesmo à noite. Além de nossos amigos e membros da família que querem nossa atenção imediata, clientes e gestores às vezes acham que devemos atender seus telefonemas, e-mails ou tweets 24 horas por dia, sete dias por semana. Assim, não temos nem mesmo uma noite ou dia de folga completo. O problema de permanecer conectado após o expediente tem piorado tanto que alguns países, como a França e a Alemanha, têm legislações em vigor para proibir empregadores de entrarem em contato com funcionários fora do horário de trabalho. O que não é uma má ideia.

Tarefas canibais

"Tarefas canibais" são tarefas que consomem o tempo que você reservou para outras atividades. Normalmente, isso acontece com projetos sem prazos definidos ou com objetivos vagos que continuam se expandindo e consumindo mais do seu tempo. Aqui estão alguns exemplos de tarefas canibais:

- Pesquisar um novo programa de treinamento (sem prazo de conclusão definido)
- Descobrir como podemos melhorar nossas relações com os clientes
- Melhorar nosso processo de contratação
- Limpar sua casa (em andamento, nunca terminada)
- Melhorar sua vida social

Algumas dessas tarefas podem ser muito importantes, mas sem data de conclusão definida ou estimativas fixas de quanto tempo você deve se dedicar a elas, essas tarefas canibais tornam-se buracos negros que sugam suas moedas de tempo infinitamente. Não deixe que isso aconteça.

Recuperando seu tempo

Para ajudá-lo a recuperar seu tempo, reuni algumas técnicas para lidar com cada um desses ladrões comuns do tempo. Essas técnicas são focadas no ambiente de trabalho, mas com algumas modificações, elas podem se aplicar à sua vida doméstica também quando você estiver tentando completar as suas tarefas domésticas ou alcançar seus objetivos pessoais. Por exemplo, você não precisa solicitar a seus filhos para enviarem seus pedidos por e-mail, mas pode fazer com que saibam que você está ocupado com algo naquele momento. Então, se precisarem fazer qualquer pedido que não seja emergencial, eles podem deixar para depois.

Outras pessoas

INTERRUPÇÕES DE PESSOAS

Enquanto as interrupções em um ambiente de escritório movimentado parecem ser apenas um fato da vida, existem técnicas para reduzir as feitas pelas pessoas ao seu redor. Mesmo que você reduza essas pausas em apenas vinte por cento, isso já causaria um enorme impacto em seu foco e produtividade. Aqui vão algumas maneiras de lidar com essas interrupções no trabalho:

Respeito à estrutura de hierarquia da equipe: garanta que os colaboradores procurem primeiro o supervisor direto delas para solicitar ajuda ou orientação ao invés de virem até você, a menos que haja uma razão para você ser a pessoa designada para ajudá-los.

Comunicação não interruptiva (assíncrona): incentive a comunicação não interruptiva via e-mail ou comentários dentro do programa de gestão de tarefas usado por você em vez de caminhar até a mesa de alguém, interrompendo-o. Por exemplo, se alguém entra em seu escritório e o interrompe para lhe dizer que encomendaram o novo software que você pediu, isso acaba totalmente com seu foco e pode levar vinte minutos ou mais para você voltar ao mesmo nível de foco anterior. Esse tipo de informação realmente não requer uma conversa, e um simples comentário no programa de gestão de tarefas ou um e-mail dizendo que já encomendou teria sido suficiente. Você ainda obteria as informações necessárias sobre o status do pedido de software, mas você não seria interrompido durante o tempo que havia reservado para uma tarefa diferente que demandava um foco maior.

Interrupções do gestor: seu gestor constantemente o interrompe com perguntas e pedidos de atualizações? Reporte atualizações diariamente através do sistema de gestão de tarefas e/ou faça reuniões de atualização rápidas de vinte minutos. Minha equipe acrescenta comentários para cada tarefa em nosso sistema de gestão de tarefas para que eu possa ver o andamento do trabalho deles apenas olhando para o programa. Se eu quiser uma atualização, simplesmente acrescento um comentário à tarefa solicitando novidades. Dessa forma, ninguém é interrompido com pedidos de tarefas ou de atualizações.

Reserve um tempo para ajudar: se alguém precisar de sua ajuda, diga-lhe que você está ocupado agora, mas vai auxiliá-lo no final da tarde. Sugira que eles agendem um horário com você no futuro, quando estiver disponível para ajudar, ou reserve um bloco de tempo do seu dia ou da sua semana em que as pessoas sabem que não há problema em interromper você para pedir ajuda.

Chamadas pessoais durante o trabalho: recomendo que as pessoas configurem seus telefonemas pessoais para o correio de voz durante o horário de expediente e verifiquem as mensagens nas pausas para o café e durante o almoço. Isso também pode ser feito com mensagens de texto pessoais. Informe aos membros da sua família que eles não vão conseguir contatar você pessoalmente durante o horário de trabalho a menos que seja uma emergência. Peça que eles telefonem para o número do seu trabalho em casos extremos e deixem SMS ou mensagens de voz em seu telefone pessoal apenas para comunicações não emergenciais.

INTERRUPÇÕES EM CASA

Você é muito interrompido em casa quando está tentando se concentrar em algo que gostaria de fazer? Fale com a sua família e avise-os que você está separando algumas horas de foco durante as quais você vai trabalhar em seu projeto ou hobby e peça que respeitem esse tempo. Ou, se possível, vá a uma biblioteca ou cafeteria para eliminar quaisquer interrupções. Se a família ou amigos aparecerem muitas vezes sem aviso prévio, informe que você prefere que eles organizem suas visitas. Se insistirem em aparecer sem avisar, pegue seu casaco e diga que você estava de saída para um compromisso importante e que não tem tempo agora. Com sorte, eles entenderão a mensagem.

SOCIALIZAÇÃO NO TRABALHO

Embora socializar seja útil para a formação de equipes, tente fazer esse momento acontecer em horários diferentes dos de foco ou de pico de trabalho. Socialize, em vez disso, durante os intervalos para café, almoço, eventos sociais de trabalho ou em outros horários de pausa. Se um colega de trabalho tagarela se aproximar para socializar enquanto você trabalha, use a desculpa que você está correndo para cumprir o prazo de um projeto e encontre-o no horário do almoço para conversar.

CONVERSAS SEM FOCO

As pessoas tendem a divagar nas conversas, então você precisa conduzi-las ao ponto rapidamente. Ser sucinto lhe ajuda a dar o que elas precisam para que você possa voltar ao trabalho. Essa técnica pode ser aplicada a clientes, fornecedores, colegas de trabalho e gestores. Em vez de fazer perguntas abertas como, por exemplo, "Como você está hoje?" ou "Como foi seu fim de semana?", faça perguntas do tipo "Como posso ajudá-lo?", "O que você precisa de mim para o projeto?" ou "Qual é o próximo passo?".

Se alguém quiser lhe dar ideias para alguma coisa, peça que envie as três melhores por escrito para que você possa explorá-las com mais calma. Isso os fará ter clareza sobre as próprias ideias, selecionar as melhores e enviar uma lista sucinta em vez de divagar sobre várias ideias em uma conversa aberta.

REUNIÕES

As reuniões são um dos maiores desperdiçadores de tempo em um ambiente de trabalho. A seguir estão algumas dicas para os organizadores dessas reuniões as tornarem mais produtivas:

Estabeleça um objetivo para cada reunião. Não se reúna apenas para fazer uma reunião. É preciso estabelecer metas especificando os problemas que você quer resolver durante o encontro, caso contrário ele não é necessário.

Tenha sempre uma pauta definida antes da reunião. Defina uma quantidade de tempo estimada para cada item da pauta para que as pessoas saibam quanto tempo devem gastar neles e quão importante é cada assunto.

Estabeleça regras básicas. As regras básicas determinam como a reunião funcionará e como as pessoas devem agir com os outros. Algumas boas regras básicas incluem: respeitar ao próximo, não interromper o outro, fazer comentários breves, desligar os smartphones, seguir a pauta e ser pontual.

Tenha um sistema para registrar a reunião. Isso pode incluir uma gravação em áudio ou vídeo, produção de notas, mapas mentais e fotos. Uma pessoa deve ser responsável por reunir e tomar notas durante o encontro.

Comece na hora certa. Se algumas pessoas ainda não chegaram, comece a reunião mesmo assim. Isso encorajará os atrasados a chegarem a tempo no futuro. Se as pessoas costumam chegar atrasadas às reuniões, discuta esse comportamento inaceitável com seu supervisor e explique como esse atraso é desrespeitoso para com o tempo do time.

Distribua por escrito quaisquer relatórios antes da reunião. Isso impede que as pessoas tenham que ler esses documentos durante o encontro. Se refira a eles apenas para perguntar se há alguma dúvida relativa aos relatórios.

Tenha foco e mantenha as pessoas no caminho certo. Não deixe que os participantes da reunião discutam assuntos que não estão na pauta ou pulem tópicos previstos. Se eles desviarem a atenção, assinale o tema atual e volte a ele. Respeite o tempo reservado a cada assunto da pauta para não ter que passar pelos temas seguintes rapidamente por falta de tempo.

Assegure a concisão. Ensine as pessoas a fazer suas observações de forma clara e rápida e depois faça uma pausa para que os outros deem o seu feedback. Não deixe que as pessoas divaguem sem parar. Você precisa ter um bom facilitador de reuniões para isso.

Plano de ação. Crie um plano de ação durante a reunião para que as pessoas saibam quais tarefas devem fazer para alcançar o objetivo da reunião. Assegure-se de que as tarefas da reunião/plano de ação sejam adicionadas ao sistema de gestão de tarefas de todos os envolvidos para acompanhamento.

Nunca pergunte "Mais alguma coisa?" Se você fizer essa pergunta, você terá arruinado todo o trabalho árduo de criar e seguir uma pauta. Se algo é importante o suficiente para ser discutido, é importante o suficiente para alguém apresentar como um item da pauta. Se alguém quiser falar sobre qualquer novidade, diga-lhe que você considerará acrescentá-la ao planejamento da próxima reunião.

Termine na hora certa. Marque o início da reunião com um temporizador para garantir que você permaneça dentro do prazo e respeite o tempo da equipe.

Mas e se você não organizar a reunião? E se for apenas um participante? Bem, você pode começar oferecendo ao organizador uma cópia deste livro, destacando esta seção. Você pode fazer isso anonimamente se estiver preocupado com uma resposta negativa. Se tiver um bom relacionamento com o responsável pela reunião, sugira a leitura de alguns desses tópicos. Você também pode incentivar a realização de melhores reuniões e aprimorar a experiência delas ao:

- Pedir a pauta da reunião antes
- Estar bem preparado para discutir os tópicos
- Tornar suas respostas claras e concisas, seguindo boas regras básicas, mesmo que os outros não o façam
- Certificar-se de que seus relatórios foram todos escritos e distribuídos antes da reunião
- Apontar gentilmente quando a reunião tiver saído do assunto
- Fazer sua própria lista de tarefas para itens direcionados a você durante a reunião
- Estar atento e fazer perguntas inteligentes
- Usar a reunião como uma oportunidade para mostrar seu valor e habilidades para formar melhores relações de trabalho

Mídia e dispositivos

Uma estrela do hóquei deveria acessar o smartphone durante as finais da Copa Stanley enquanto está no gelo, em disputa com o time adversário? Você vê um violoncelista de uma orquestra sinfônica enviando ou lendo SMS enquanto está tocando no palco? É claro que não. Um desempenho de alto patamar requer um foco de alto patamar!

Imagine que você está planejando a um nível muito alto, e o seu cérebro está bastante focado e trabalhando de forma incrível para resolver seus piores problemas. Você realmente quer interrompê-lo por conta de uma notificação do Facebook, de uma mensagem texto ou de um e-mail? Qual é a probabilidade de a mensagem ser de fato importante para arriscar perturbar o seu fluxo de trabalho?

A verdade é que você não consegue simplesmente trabalhar em um nível elevado e manter foco total com interrupções contínuas vindas de dispositivos e meios de comunicação — nenhum de nós consegue. Queremos que nossos cirurgiões, técnicos de usinas nucleares, operadores de equipamentos pesados, jogadores de hóquei e violoncelistas, entre outros profissionais, trabalhem com foco total. Você também deveria trabalhar assim. Uma das coisas mais importantes que você pode fazer para conquistar de volta o foco e o tempo perdidos é lidar com seus dispositivos de forma mais estratégica. Aqui vão algumas formas de dominar as interrupções de mídias e dispositivos:

E-mail: desative as notificações por e-mail e crie o hábito de verificar seus e-mails algumas vezes ao dia para ver o que há de novo. O Microsoft Outlook pode ser especialmente ruim para isso porque o programa tem notificações de desktop que aparecem mesmo quando o programa está fechado, caso você não as desative. *Feche* sua guia ou programa de e-mail enquanto estiver trabalhando em outras coisas para não se sentir tentado a ver por apenas um segundo se chegou uma nova mensagem.

Telefones: entendo que parte do seu trabalho pode ser atender o telefone. Mas, a menos que você esteja em um *call center*, pode haver momentos no dia em que precisa se concentrar totalmente, sem interrupções telefônicas constantes. Nesses casos, encaminhe suas ligações para o correio de voz por uma hora ou mais e verifique suas mensagens de voz quando o seu período de foco tiver se encerrado.

Abas do navegador: meus clientes compartilham suas telas de computador comigo para que eu possa ver em que estão trabalhando e assim possamos discutir estratégias. Uma das coisas comuns que percebo em muitos de meus clientes quando compartilham suas telas é que eles têm dez ou mais abas do navegador abertas. Enquanto os computadores modernos tiverem memória suficiente para manter múltiplas abas abertas, isso será uma distração. Mantenha *apenas* as abas necessárias para a tarefa que tem em mãos e feche as outras. Isto o ajudará a se concentrar.

Mídias sociais: Twitter, Facebook, YouTube, Instagram e outras plataformas de mídia social informam quando amigos atualizam seus status ou quando as pessoas comentam sobre o que você compartilhou nas mídias sociais. Essas notificações contínuas são uma interrupção constante e prejudicam seu foco. Se elas são atividades pessoais de mídia social, apenas abra suas mídias sociais e seja ativo nelas depois que terminar o expediente. Se a mídia social faz parte de seu trabalho, por exemplo, se em parte do seu dia você for responsável por administrar uma campanha on-line, defina um momento da jornada para verificar e responder a todos os comentários e postagens.

Smartphones: os smartphones não são mais apenas telefones — eles são computadores portáteis. Um smartphone de alto desempenho de uma marca famosa pode ser mais caro do que muitos laptops. Assim, além de telefonemas e mensagens de texto, eles também enviam notificações de e-mails e de mídias sociais. Cada aplicativo instalado em seu smartphone parece pensar que você precisa de uma notificação toda vez que algo acontece, então todas as notificações vêm configuradas como ligadas. Aprenda a desligar todas elas, exceto aquelas que são realmente necessárias. Tenho meu telefone configurado para me lembrar de compromissos, mas *não* de novos e-mails, mensagens do Facebook ou qualquer outra coisa. Confira os SMS e as chamadas pessoais durante as pausas e no horário do almoço em vez de deixá-los interromper a tarefa na qual você está concentrado.

Para muitos de nós, verificar o smartphone a todo momento se tornou um vício. Se ainda não o checamos nos últimos dez minutos, nos preocupamos por talvez termos perdido algo importante. Além disso, muitos de nossos amigos e até os clientes podem ter a expectativa de que serão respondidos em questão de minutos. Para os negócios, sigo um padrão em que respondo a todos os e-mails, telefonemas e outras comunicações no prazo de um dia útil, e informo isso a meus clientes para que eles possam saber por quanto tempo devem aguardar por uma resposta minha. Minha família e amigos sabem que eu não respondo a uma mensagem de texto ou ligação durante o horário comercial, de modo que eles esperam uma resposta minha no horário do almoço ou à noite.

É importante lembrar de que a tecnologia serve a você — não o contrário. Assuma o controle de todas as suas mídias e dispositivos e deixe a tecnologia interrompê-lo somente quando precisar da interrupção, como no caso de lembrar um compromisso ou para lembrar você mesmo de passar para um novo projeto.

Tarefas canibais

Mencionei anteriormente que as tarefas canibais são uma séria ameaça ao tempo. O caráter aberto delas é o que as torna tão perigosas. A seguir estão algumas maneiras de coibir tarefas canibais de comerem o tempo de outras atividades, inibindo e impedindo-as de serem tão nocivas.

Esclareça os objetivos. Deixe claro quais são os objetivos do projeto para elaborar um plano de tarefas que possa ser concluído.

Estabeleça limites de tempo. Certifique-se de que a gestão esteja ciente sobre quanto tempo ela quer que você dedique ao projeto. É um projeto de cinco, dez ou vinte horas? Já tive casos em que queria que uma assistente virtual passasse algumas horas pesquisando algo para mim, e ela foi em frente e usou todas as suas dez horas de trabalho semanais nessa única tarefa porque não fui claro em minhas instruções sobre quanto tempo queria que ela se dedicasse. Ao conhecer a duração do tempo de gestão do investimento que você quer, você pode começar a planejar.

Bloco de tempo. Tenha um bloco de tempo fixo a cada semana para trabalhar em projetos maiores e de longo alcance. Utilize totalmente o bloco de tempo nesse projeto, mas não se deixe levar a consumir um tempo extra.

Divida a tarefa em módulos. Quebre projetos maiores em módulos menores e faça uma lista de tarefas para completar cada módulo.

Crie sua própria programação. Se o projeto não tiver marcos ou uma data final, crie a sua própria. Isso o ajudará a completar o projeto e concluí-lo.

Seu cérebro é o maior ladrão do tempo

O cérebro humano é uma ferramenta surpreendente. Ele pode compor sinfonias, construir sondas espaciais para explorar o sistema solar, lançar novos negócios interessantes, ou, no outro extremo do espectro da produtividade, maratonar vídeos engraçados de gatos no YouTube por horas.

Como fazemos para que nosso cérebro se concentre nas coisas excitantes que queremos fazer em vez de desperdiçar nossas preciosas moedas de tempo consumindo conteúdo inútil ou ocupando nossos dias com tarefas sem sentido? Vamos descobrir por que o cérebro rouba nosso tempo e como conseguiremos recuperá-lo.

Distração e incapacidade de concentração

Nosso mundo está repleto de coisas "chamativas" que estão constantemente competindo pela nossa atenção. Isso pode incluir:

Mídia: livros, filmes, TV, e-books, vídeos on-line, jogos

Pessoas: interações presenciais, fóruns de discussão on-line, mídias sociais, vídeos de opinião

Eventos mundiais: notícias, política, crises, causas sociais

Com a internet, tudo isso está a apenas um clique de distância. Uma simples pesquisa relacionada a tarefas nos oferece uma lista de sites, artigos e vídeos potencialmente relevantes. Mas a busca e os sites relacionados também exibem anúncios — publicidade personalizada para você com base nas suas buscas anteriores. Então, mesmo que estivesse procurando por algo específico para sua tarefa neste momento, você ainda poderia ser distraído por informações relacionadas a suas paixões e hobbies durante o que deveria ser seu tempo de produtividade.

Se eu decidir escrever um artigo sobre distrações e buscar pela palavra *distrações* no Google, um dos resultados é um vídeo para uma canção de Paul McCartney chamada "Distractions". Como um fã dos Beatles, eu fiquei intrigado, então, é claro, cliquei no vídeo para conferir essa música que eu nunca tinha ouvido antes. Opa, agora eu não estou mais trabalhando no artigo. E uma vez que estou no YouTube, é claro, a plataforma me mostra muitos outros vídeos relacionados, bem como vídeos relativos a outras buscas que já fiz.

Então, como você treina seu cérebro para se concentrar quando todas essas coisas "chamativas" estão aí para distraí-lo? Veja dois métodos básicos que podem mantê-lo concentrado:

Esteja ciente da limitação da sua força de vontade/disciplina. Disciplina soa muito bem na teoria. Parece que se fôssemos apenas mais disciplinados, todos os nossos problemas de procrastinação seriam resolvidos. O problema é que só temos uma quantidade limitada de força de vontade e de disciplina para aplicar em nossas tarefas de cada dia — são recursos finitos. Após seu reservatório de força de vontade se esvaziar, seu cérebro irá querer fazer uma pausa. Por saber que a sua força de vontade é um recurso limitado, você pode administrá-la, mantendo seu período de pico de foco para as tarefas mais difíceis e importantes. Meu pico de foco ocorre logo pela manhã. Portanto, programo minhas tarefas mais difíceis para a parte da manhã e faço as tarefas que mais gosto e que precisam de baixo consumo de energia à tarde. Se eu fizesse minhas tarefas simples e prediletas primeiro, depois teria dificuldade em manter a disciplina em minhas tardes de baixo consumo de energia para passar pelas mais difíceis.

Estabelecer blocos de tempo. Acho que os blocos de tempo realmente me ajudam a me manter focado. Se eu tivesse um bloco de tempo reservado para escrever um livro como este, eu *apenas* trabalharia na escrita do livro durante esse bloco de tempo. Se você criar blocos de tempo dedicados de meia hora ou uma hora de duração para um projeto, tarefa ou propósito definido, fica muito mais fácil manter o foco durante esse período.

Ainda consumo conteúdos divertidos, mas tenho blocos de tempo definidos quando vejo meu programa de TV favorito ou navego por alguns vídeos do YouTube. E, sim, até eu vejo ocasionalmente vídeos engraçados de gatos. Eles são tão bonitinhos...

EXERCÍCIO: Seu Diário de Distrações

Uma ótima maneira de reduzir as distrações é manter um Diário de Distrações. Em seu caderno, nomeie uma nova página: "Diário de Distrações" e inclua a data de hoje. Esse pode ser o formato de entrada que você usará a qualquer momento em que decidir que esse exercício o ajudará a se concentrar e a voltar à ativa.

Com seu Diário de Distrações em mãos, mantenha um registro de *cada* vez que precisou parar de realizar a tarefa que definiu para você mesmo. Isso inclui *todas* as interrupções, todas as vezes que você procurou fazer outra coisa em vez de fazer o que realmente deveria estar fazendo, todas as notificações que o distraíram etc. Esse registro lhe mostrará quais são suas piores distrações para que possa começar a minimizá-las usando as técnicas e estratégias que você está aprendendo. Apenas o ato de manter o Diário de Distrações por perto o ajudará a evitar se afastar da tarefa, por que quem quer uma longa lista de distrações?

Quando treino meus clientes, faço com que mantenham um Diário de Distrações como uma ferramenta de diagnóstico. Da mesma forma que um médico toma sinais vitais para determinar a saúde geral de um paciente e seus problemas, uso o Diário de Distrações dos clientes para determinar as questões que afetam a saúde da produtividade deles. Você pode usá-lo dessa forma também. Comece escrevendo diretamente em seu caderno. Depois, caso queira registrar suas distrações de forma eletrônica, verifique ferramentas como Toggl ou RescueTime.

Preocupação

Como discutimos, muitos de nós desperdiçamos muita energia e tempo nos preocupando. *E se eu não conseguir terminar a tempo? Eu fiz isso certo? E se um asteroide atingir a Terra hoje?* Podemos nos preocupar com centenas de coisas ao longo de uma semana, mas veja só: a maioria das coisas com as quais nos preocupamos nunca acontecerá. Isso porque nossa preocupação raramente está focada no presente ou em resultados realistas. A preocupação geralmente nos projeta para o futuro em que imaginamos situações hipotéticas, nos preocupando com o pior dos cenários.

Um de meus clientes estava realmente preocupado em falar com um membro da equipe sobre a recente queda de qualidade do seu trabalho. Ele temia que a conversa acabasse desencadeando um grande conflito. Ajudei meu cliente a pensar na melhor maneira de falar com a pessoa, a abordar o problema e a formular uma estratégia. Também pedi para que ele desenvolvesse um plano de contingência para o caso de a conversa se exceder. Quando o vi novamente, ele disse que tudo tinha corrido bem na reunião: o funcionário em questão concordou que seu trabalho estava deixando a desejar e prometeu se esforçar para melhorar. Portanto, a preocupação inicial era um desperdício de energia, mas a preparação para o pior cenário o ajudou a aliviar sua preocupação em participar da reunião.

Para ilustrar como a preocupação é inútil, quero que você faça o seguinte: pense no dia de hoje em um ano atrás. Você se lembra com o que estava preocupado neste dia há exatamente um ano? A menos que um ente querido seu estivesse no hospital naquele dia ou tenha ocorrido algum outro grande evento, é provável que você não consiga se lembrar de suas preocupações um ano depois — e certamente daqui a cinco anos você não se lembrará do que o preocupava hoje.

Daqui a cem anos, todas as nossas preocupações terão desaparecido. Nossas aflições diárias simplesmente não importam conforme o tempo passa. Então, por que não as deixar de lado hoje mesmo? O próximo exercício ajudará você a fazer isso.

Se suas preocupações são sobre coisas como lembrar de uma tarefa que não está em sua lista, tenha um sistema onde você possa registrar facilmente notas sobre tarefas e ideias à medida que as tiver. Um simples caderno que você carrega para todos os lugares será suficiente. Outra possibilidade é tomar notas ou adicionar tarefas no próprio smartphone. Fazer isso eliminará essas coisas da sua cabeça e as colocará em um sistema onde possam ser tratadas.

EXERCÍCIO: Seu Diário de Preocupações

Da mesma forma que você criou um Diário de Distrações no exercício anterior, abra seu caderno e nomeie uma nova página: "Diário de Preocupações".

Mantendo seu caderno sempre à mão, registre cada vez em que você se inquietar com alguma coisa. Você está preocupado com suas finanças? Em não conseguir cumprir uma tarefa a tempo? Teme o que os outros pensam de você? Comece com frases como "Eu estou preocupado com..." ou "Tenho medo que...". Para cada preocupação, registre por quanto tempo você ficou com ela na cabeça e que nível de estresse ela lhe gerou em uma escala de 1 (baixo) a 5 (alto).

Defina uma tarefa para retornar ao seu Diário de Preocupações em um mês. Veja os itens que você listou em seu Diário de Preocupações e destaque todos os que nunca aconteceram. Com o tempo você perceberá que, de quase todas as suas preocupações, provavelmente 95 por cento foi apenas um desperdício de atenção e energia porque a vasta maioria dos problemas com os quais você se preocupava não tiveram grande importância.

Dando pausas ao cérebro

Pessoas que trabalham sessenta, oitenta ou mais horas por semana não percebem o quanto estão se exaurindo. Sim, em alguns locais de trabalho, esse nível excessivo de trabalho é comum e até mesmo celebrado. Muitas pessoas afirmam orgulhosamente que são "workaholics", confundindo esse rótulo com uma coisa positiva quando, na verdade, assim como com qualquer vício, elas realmente precisam de uma intervenção e de um programa de doze passos. Se você se enquadra nessa categoria, eu o encorajo a buscar ajuda. A maioria de nós, no entanto, não se força a trabalhar por tantas horas, mas ainda precisamos dar uma pausa ao nosso cérebro.

Se você não der pausas regulares ao cérebro, ele vai decidir por conta própria que está na hora de tirar férias e deixar você para trás. Em outras palavras, ele não funcionará bem quando você mais precisar dele. Temos apenas uma certa capacidade de foco e poder cerebral em um dia. É importante fazer pequenos intervalos ao longo da jornada para manter seu cérebro fresco e tirar um tempo de folga à noite e aos fins de semana para recarregar. Pense nisso como uma maratona. Você não cruza a linha de chegada em uma maratona e então começa imediatamente uma segunda maratona. Você precisa de tempo para se recuperar.

Seguem algumas das minhas técnicas para dar pausas e um período de recuperação ao cérebro:

- Trabalho em blocos de trinta minutos (com um temporizador) e depois faço um intervalo de cinco minutos ao final de cada bloco.
- Eu me "reseto" entre cada projeto ou tarefa fechando todas as janelas do computador, abas do navegador e programas abertos durante a última atividade. Dou um respiro profundo e desvio totalmente meu foco da antiga tarefa para a nova.
- Faço minhas pausas para comer. No almoço, saio para comer a uma distância de vinte minutos a pé — preferencialmente ao ar livre.
- Vou para casa na hora certa. Eu não penso em trabalho ou em trabalhar em casa à noite.
- Escolho passatempos que são diferentes do meu trabalho. Uma vez que fico o dia todo em frente a um computador, prefiro passatempos como esculpir madeira, jogar golfe de disco, olhar as estrelas, tocar flauta nativa americana, jogar badminton e fazer caminhadas. Todos são passatempos divertidos, fisicamente

ativos, que dão uma pausa a minha mente do trabalho e uma pausa a meus olhos da tela do computador.
- Tiro *todo* o meu período de férias.
- Tenho dias em que uso pouca tecnologia e não acesso o computador ou a internet.

Tudo isso dá ao meu cérebro uma pausa revigorante. Quando eu volto ao trabalho após um fim de semana ou mesmo em um dia de semana, mergulho em minha lista de afazeres com muito foco e energia. O tempo reservado para pausa me proporciona trabalhar com uma intensa atividade cerebral quando retorno às minhas obrigações.

Para implementar uma variação do meu sistema, tente isto:

1. Usando um temporizador, trabalhe em blocos de trinta minutos e faça uma pausa de cinco minutos quando o tempo marcado no temporizador acabar.

2. "Resete-se" entre as tarefas, fechando todas as tarefas, programas e abas desnecessárias em seu computador ou guardando qualquer objeto físico que não precisar mais.

3. Faça seu intervalo para o almoço e saia em uma caminhada de vinte minutos.

4. Volte para casa quando o expediente do trabalho terminar. Não trabalhe à noite e aos finais de semana.

5. Cultive passatempos que o divertem.

6. Programe-se e tire férias, saia à noite com um(a) parceiro(a) ou tenha dias de "aventura".

7. Escolha um dia da semana para usar pouca tecnologia.

Pesquisas estimam que até cinquenta por cento dos norte-americanos não tiram todo o período de férias que têm direito. Um relatório da CNN diz que eles abdicaram de 705 milhões de dias de férias em 2017. Não cometa esse erro. Use seu tempo de férias para ter experiências surpreendentes, construir memórias para toda a vida e recarregar suas baterias.

Terceira semana: Plano de ação

Desde a segunda semana, você tem criado sua superestrutura ao final de cada dia. Bom trabalho! Continue fazendo isso diariamente, seja em seu caderno ou em seu aplicativo ou software. Lembre-se de olhar sua lista de afazeres como um documento vivo: ela precisa de atenção constante.

Nesta semana, você começou a manter um Diário de Distrações e um Diário de Preocupações. Use essas ferramentas durante toda a semana para saber o que está lhe impedindo de fazer o que precisa ser feito de modo que possa pensar em maneiras de eliminar essas distrações usando as estratégias deste capítulo.

Para cada item da sua lista de afazeres, use um temporizador para ter a certeza de que está entrando no tempo destinado a cada tarefa. Pare o temporizador se for interrompido. Esse é um ótimo momento para anotar em seu Diário de Distrações o que o interrompe. Quando o temporizador se desligar, dê ao seu cérebro uma breve pausa antes de começar a próxima atividade.

Além disso, utilizando as estratégias apresentadas, lide com quaisquer tarefas canibais que surgirem, dividindo-as em componentes menores para que você possa programar em sua lista de afazeres e, assim, evitar que continuem a devorar seu tempo. Nesta semana, você também aprendeu a certificar-se de reservar momentos para os passatempos, para a sua criatividade e para alcançar seus objetivos pessoais e profissionais. Um passo de cada vez.

APRENDIZADOS

VOCÊ APRENDEU QUE:

- O tempo é mais valioso do que o dinheiro.
- Há muitos "ladrões do tempo" que você pode eliminar ou reduzir.
- A preocupação consome energia sem nenhum propósito útil.
- Os níveis de força de vontade e disciplina são limitados e devem ser usados estrategicamente.

VOCÊ APRENDEU A:

- Identificar distrações para que possa reduzi-las
- Registrar suas preocupações para aprender a deixá-las de lado
- Usar seu horário de pico para realizar suas tarefas mais difíceis e de maior prioridade
- Dar pausas ao cérebro para estar mais tranquilo para realizar as tarefas necessárias

5

QUARTA SEMANA: TENHA FOCO!

Por que é tão difícil se concentrar?

Uma das razões pelas quais é tão difícil se concentrar é a evolução. Nossos cérebros foram feitos para mudar rapidamente de atenção de uma coisa para outra. Nossos primeiros antepassados viviam em ambientes perigosos e precisavam monitorá-los continuamente por conta de ameaças, e assim conseguiram sobreviver e se reproduzir. Outros seres descuidados não tiveram tempo o suficiente para viver e procriar, então, de certa forma, a natureza recompensou aqueles que *não* se concentravam por longos períodos em uma coisa e se tornavam alheios ao seu ambiente. Esse monitoramento contínuo de nosso ambiente é intrínseco a nós: somos os sobreviventes de muitas gerações que aprenderam a avaliar constantemente seu ambiente para sobreviver.

A capacidade de mudar a atenção de forma rápida e frequente foi uma grande qualidade de nossos antepassados, mas é menos útil nos tempos atuais, em que a maioria de nós não vive sob ameaça física constante. Ao contrário, muitas tarefas exigem nosso foco sustentado por longas horas. Felizmente, nossos ancestrais também precisavam ser capazes de se concentrar. Pense na quantidade de foco e habilidade necessária para perseguir calmamente a caça e esperar pelo momento certo para atacar. Ou na incrível concentração necessária para fazer uma ferramenta de pedra tirando uma lasca por vez. Portanto, essa capacidade de concentração *também* está incorporada em nossos cérebros — ela não é tão predominante (ou inatamente urgente) quanto nosso esforço para mudar nossa atenção e monitorar o ambiente. Isso não significa que você não possa aumentar a sua capacidade de concentração. Vejamos algumas maneiras de aproveitar nossas habilidades cerebrais para melhorar nosso foco.

Tarefa única (de novo)

Seu cérebro é incrivelmente poderoso. Sim, seu cérebro. Eu não estou falando sobre o cérebro humano em geral. Estou falando do seu especificamente — aquele que está dentro de sua cabeça. Agora, você pode estar pensando: "*Se meu cérebro é tão poderoso, por que eu não consigo fazer as coisas? Por que é tão difícil para mim prestar atenção quando preciso?*"

Uma razão pela qual temos dificuldade em nos concentrar é que danificamos nosso cérebro não o deixando funcionar corretamente. Em vez de nos concentramos totalmente na tarefa que temos em mãos, somos multitarefa e nos cercamos de distrações, como e-mail, TV e dispositivos eletrônicos, todos competindo por nossa energia mental. Atrapalhados por conta dessas tarefas e informações diversas, nosso cérebro se torna um pássaro cujas asas foram cortadas: eles não podem voar a pleno vapor. Ao ser multitarefa — "picotando" a capacidade do cérebro de se concentrar totalmente em uma tarefa — deixamos o cérebro usar apenas uma pequena fração do seu real potencial.

A capacidade de ser multitarefa é em si um mito — não é algo que nossos cérebros foram feitos para fazer. "Multitarefa" é um termo que foi originalmente aplicado a computadores construídos para lidar com múltiplos processos ao mesmo tempo — não é um termo que se aplica à forma como os seres humanos são. Os computadores não pensam nem têm distrações: eles têm múltiplos "cérebros" que lhes permitem realizar múltiplas tarefas ao mesmo tempo. Estudos científicos têm mostrado que a mente humana não consegue ser multitarefa da mesma forma que os computadores. Em vez disso, quando realizamos múltiplas tarefas, damos um microfoco rápido a cada atividade, pulando de uma em uma. Portanto, isso não significa realmente ser multitarefa. É mais como tarefas únicas em série. Nosso cérebro foi feito para se concentrar em apenas uma coisa de cada vez. Essas pequenas ondas de foco que ocorrem quando tentamos realizar multitarefas não se sustentam o suficiente para concluir tarefas complexas.

Ao aprender a parar de ser multitarefa e adotar a realização de tarefas únicas com foco, damos a nossos cérebros uma chance de voar longe. Aqui estão alguns dos principais passos para fazer a mudança de multitarefa para tarefa única.

1. **Planeje primeiro.** Neste ponto do livro, você já criou vários planos de ação para o dia seguinte. Não foi por acaso que lhe pedi para fazer esses exercícios. Ao elaborar um planejamento para o dia seguinte com suas tarefas já dispostas em ordem de prioridade, você terá uma organização passo a passo em vigor. Não será preciso desperdiçar tempo e energia para decidir o que fazer — você já planejou o que fazer no dia anterior e pode concentrar-se logo na primeira tarefa.

2. **Reduza as distrações.** Já discutimos distrações comuns e como minimizá-las. Tenho certeza de que você aplica essas técnicas todos os dias. Se você estiver em um ambiente de escritório movimentado e cheio de distrações, tente fechar sua porta (se você tiver) ou usar fones de ouvido. Outra possibilidade é definir uma "hora produtiva" diária — uma hora do dia em que você tem foco total com ou sem distrações. Se você não pode fazer isso no trabalho, considere testar uma "hora produtiva" em uma cafeteria ou biblioteca. Você ficará surpreso com o que pode realizar em uma hora de tempo ininterrupto com um foco profundo.

3. **Complete uma tarefa de cada vez.** Se o seu plano de ação está em vigor e você já conseguiu eliminar o máximo de distrações possível, simplesmente escolha a tarefa com maior prioridade do seu bloco de tempo e trabalhe nela até que esteja concluída. Depois, passe para a próxima.

Temporizador de foco

Eu uso esse artifício continuamente enquanto trabalho. Um temporizador de foco é um cronômetro de contagem regressiva que ajuda você a ter certeza de estar usando a quantidade de tempo necessária para uma tarefa ou projeto. Eu uso o temporizador de contagem regressiva que veio em meu smartphone. Você também pode arrumar um timer baixando aplicativos, comprando em sites ou pegando um emprestado da cozinha. Qualquer um desses funcionará como um temporizador de foco. Ele deve permitir configurar diferentes minutagens e ter um alarme que dispara quando a contagem regressiva se encerrar.

Como mencionei, trabalho em blocos de trinta minutos com intervalo de cinco minutos após esse tempo. Essa é uma variação da Técnica Pomodoro (ver página 58). Aqui está como funciona meu processo quando preciso passar de um projeto/tarefa para o próximo(a):

1. **Encerre projetos antigos.** Fecho todos os programas, abas, aplicativos, e-mails etc., que estavam abertos relacionados com o antigo projeto.

2. **Escolha a próxima tarefa prioritária.** Eu escolho o próximo item de maior prioridade do meu plano de ação para esse bloco de tempo.

3. **Respire fundo.** Respiro cerca de três vezes profundamente. Essas respirações me ajudam a me concentrar e a desapegar do velho projeto para que eu esteja pronto para o próximo.

4. **Defina o tempo do timer de foco.** Eu defino o tempo de trinta minutos em meu temporizador de foco e começo a agir.

5. **Trabalhe com foco total.** Eu atuo com foco total por trinta minutos. Caso seja interrompido por qualquer motivo, pauso o temporizador de foco e depois o recomeço após a parada. Dessa forma, consigo assegurar o uso de todos os trinta minutos de tempo disponível para cada projeto ou tarefa.

6. **Conclua a tarefa.** Se a tarefa estiver concluída antes do término dos trinta minutos, passo para a segunda tarefa em ordem de prioridade do bloco de tempo e assim por diante. Muitas vezes, concluo múltiplas tarefas dentro de trinta minutos.

7. **Desligue o temporizador.** Quando o alarme soa, desligo e acrescento notas à tarefa no meu sistema de gestão de tarefas, marcando o ponto onde parei para que, da próxima vez em que eu trabalhar nessa tarefa, eu saiba exatamente por onde começar.

8. **Repita.** Em seguida, repito o processo com a próxima tarefa ou bloco de tempo.

Repartindo tarefas e blocos de tempo

Trabalhar em tarefas é mais eficiente quando trabalha-se por partes ou lotes. Eis o que quero dizer com isso: imagine precisar responder um e-mail, depois retornar um telefonema, em seguida passar cinco minutos escrevendo um relatório, depois responder outro e-mail, e quando terminar, repetir o processo. Essa abordagem dispersa nunca deixará você se concentrar totalmente em qualquer coisa, e seu relatório levaria uma eternidade para ser escrito.

Em vez disso, organize sua agenda de modo que cada tipo de tarefa receba sua própria "parte" de tempo, durante a qual você vai prestar atenção somente a ela. Assim, no exemplo que acabei de dar, em vez de saltar de e-mails para telefonemas e enfim para o relatório, você poderia dedicar trinta minutos a seus e-mails, depois meia hora para o seu planejamento, em seguida uma hora para escrever e, quando terminar essa etapa, passar meia hora retornando telefonemas.

Essa abordagem permite que você tenha um foco muito mais profundo em seu trabalho, especialmente para áreas que necessitam de mais recursos intelectuais como planejamento e escrita. O corte em partes também reduz o tempo que você leva para se atualizar sobre uma nova tarefa. Por exemplo, se você já está respondendo e-mails, o programa já está aberto. Você pode ter recebido diferentes e-mails sobre o mesmo assunto, então sua mente já está focada nesse assunto, e assim por diante.

Quando você começa uma nova tarefa, leva tempo para se envolver plenamente. Você precisa decidir como abordá-la, a melhor maneira de completá-la etc. Pense nisso como a instalação de uma fábrica para a produção de um novo produto. A instalação leva tempo, mas uma vez terminada essa fase inicial, a fábrica passará a fabricar o produto rapidamente. Da mesma forma, é muito mais rápido trabalhar em muitas tarefas similares em um lote porque você tem apenas um tempo inicial de preparação. Isso é especialmente poderoso quando se tem uma série de pequenas tarefas similares.

Seguem algumas tarefas comuns que são mais fáceis de completar com a divisão em partes ou lotes:

- E-mails
- Chamadas telefônicas
- Atividades de rotina
- Direcionar tarefas
- Arquivar
- Avaliar currículos
- Leitura
- Planejamento
- Treinamento e aprendizagem

Leve esse conceito um passo adiante ao ter blocos de tempo temáticos para alocar suas tarefas em lotes. No meu caso, tenho blocos de tempo para:

- Marketing
- Desenvolvimento de produtos
- Desenvolver conteúdos para artigos de blog, vídeos do YouTube e infográficos
- Desenvolvimento de workshops
- Projetos de clientes
- Administração

Desenvolvimento pessoal — aprendendo novas habilidades e aperfeiçoando as habilidades já existentes

Ao ter categorias amplas em que meu trabalho se enquadra, posso me certificar de que passo tempo suficiente de cada semana em cada bloco. Por exemplo, tive um cliente que ficou tão atolado em seu trabalho normal que ele não conseguia mais trabalhar no novo produto que estava desenvolvendo. Ele corria contra o tempo por conta da data de lançamento.

Eu o ajudei a separar as duas primeiras horas da sua manhã para trabalhar apenas no novo produto e deixar as outras tarefas para o resto do dia. Eu o orientei a respeitar o tempo reservado ao novo produto, informando sua equipe que eles só poderiam incomodá-lo após as 11h. Com esse bloco ininterrupto de tempo focado ao lançamento de seu produto, ele não teve problemas para cumprir o prazo. Ele também descobriu que conseguiu realizar seu trabalho regular nos blocos de tempo restantes. Isso porque as tarefas podem se expandir, preenchendo todos os seus blocos de tempo se você não as controlar e restringir a uma quantidade de tempo apropriada à sua importância.

Outro benefício dessas técnicas é que, ao se direcionar a diferentes tipos de tarefas, seu cérebro torna-se mais empenhado do que se você tentasse fazer as mesmas tarefas todos os dias. Isso contribui significativamente para reduzir a fadiga que muitas vezes surge quando estamos focados em fazer uma coisa por longos períodos. Em vez de me sentar e escrever este livro de uma só vez, eu tinha um bloco de tempo de cada dia dedicado à escrita. Assim, não fiquei farto de escrever o livro, tive mais tempo para pesquisar, fui capaz de incorporar ideias mais recentes provindas do meu trabalho com meus clientes e tive tempo para sugerir mais ideias que poderiam ser incluídas à obra.

Meditação: consciência da respiração

Como recuperar o foco quando há múltiplas coisas acontecendo ao seu redor, todas clamando pela sua atenção? Uma opção é começar a aprender a se concentrar com apenas uma coisa: a respiração. Quando foi a última vez que você parou para pensar sobre a sua respiração? A menos que você ou um ente querido tenha um problema respiratório, você provavelmente nunca pensa sobre isso. Mas quando não se pode respirar, todo o resto não tem importância. Vi meu pai morrer lentamente durante muitos anos de enfisema e decidi nunca subestimar a respiração.

Você já observou um bebê dormindo? Quando um bebê inspira, sua barriga se expande. Bebês respiram pela barriga. Devemos respirar usando nossa barriga também. Mas quando estamos sob estresse, temos a tendência de respirar de forma mais superficial, respirando pelo peito e não pela barriga. A respiração pelo peito tende a fazer nossos músculos do pescoço e do ombro se esforçarem mais, criando tensão no pescoço e nos ombros, o que pode interferir ainda mais com nosso foco.

Tomando consciência da sua respiração e respirando pela barriga em vez de usar seu peito, você causará um enorme impacto na sua capacidade de concentração. Quando estou me preparando para falar no palco, respiro profundamente, usando minha barriga para me ajudar a relaxar e a recuperar meu foco. Também respiro profundamente três vezes entre projetos para ajudar a deixar de lado o primeiro e a me concentrar no próximo.

Aqui vai uma meditação que o ajudará a ter mais consciência de sua respiração. Você pode fazê-la em frente ao espelho se quiser garantir que sua barriga está se expandindo, e não seu peito, enquanto respira.

1. Levante-se. Deixe suas mãos balançarem soltas. Mantenha uma postura relaxada.

2. Inspire pelo nariz contando lentamente até quatro. Expanda totalmente sua barriga enquanto respira. Tente não pensar em qualquer coisa e apenas se concentre em inspirar.

3. Feche levemente os lábios e expire através da boca contando lentamente até quatro.

4. Repita dez vezes enquanto se concentra unicamente em sua respiração.

Ao usar esse tipo de meditação consciente para se concentrar em sua respiração, você estará totalmente concentrado em uma coisa (seu fôlego) e deixará de lado todas as outras que o distraem. Quando você está totalmente concentrado em uma coisa (respiração), é mais fácil transferir esse foco para uma única tarefa.

Meditação: consciência aberta

Há muitas formas de meditação, incluindo a de mindfulness e a de consciência aberta. Ao contrário da meditação de mindfulness em que você se concentra em algo como a respiração (tal como você fez no exercício anterior), a meditação de consciência aberta coloca você em um estado relaxado de consciência sem um foco específico. Pense nisso como se estivesse sentado sob um amplo céu na pradaria, estando no momento presente e deixando o ambiente ser exatamente o que ele é enquanto você observa passivamente com uma "lente grande angular".

Tente não julgar, pensar ou analisar a experiência: deixe que tudo aconteça e flua através da sua consciência. Sei que isso pode parecer estranho, já que este capítulo é todo sobre foco e concentração. Mas deixar o foco de lado durante a meditação dará à sua mente uma chance de relaxar e se recompor, o que aumentará sua capacidade de se concentrar mais tarde. Para começar, aqui está um exercício simples para testar a meditação de consciência aberta observando o céu:

1. Saia e encontre um lugar onde ninguém possa lhe perturbar. Desligue as notificações de seu smartphone e guarde-o.

2. Fique de pé ou sente-se confortavelmente. Respire fundo para liberar a tensão e acalmar sua mente, e então apenas respire naturalmente. Não julgue sua respiração ou as sensações de seu corpo: permita senti-las como elas são.

3. Olhe para a amplitude do céu com um olhar suave. Sua mente é tal como esse céu: aberta e expansiva. Basta observar o céu sem se concentrar em nenhuma parte dele. Observe tudo sem rotular ou julgar. Em outras palavras, seja apenas um observador passivo.

4. À medida que os pensamentos vierem à sua mente, permita que eles flutuem como as nuvens no céu. Como elas, os pensamentos vêm, passam por sua consciência e então saem de seu campo de atenção. Assim como o céu não precisa fazer qualquer coisa com as nuvens, sua mente não precisa fazer nada com os seus pensamentos.

5. Deixe que os sons e as visões o cerquem sem concentrar sua atenção em qualquer um deles. Continue a observar passivamente o que quer que você sinta, pense ou veja.

6. Após cerca de dez minutos, respire fundo e depois passe para sua próxima tarefa.

Você pode praticar essa meditação em qualquer lugar: não é preciso estar sob um amplo céu para que ela funcione. Ao se tornar mais aberto e consciente sobre o que está ao seu redor e sobre suas sensações sem atribuir quaisquer pensamentos ou julgamentos a eles, você estará limpando sua mente, o que o torna livre para se concentrar mais em sua próxima tarefa. A consciência aberta também ajuda a deixar os seus pensamentos em segundo plano quando eles começarem a se formar. Pense nesse tipo de meditação como um "botão de reset do computador" para seu cérebro, que limpa toda a desordem mental e abre espaço para uma atenção mais completa e pensamentos superiores.

A conexão mente-corpo

Como a nossa conexão mente-corpo afeta a concentração? Você já tentou trabalhar com uma dor excruciante de dente ou de cabeça? Quantas vezes já teve que se arrastar para o trabalho após uma noite sem dormir ou depois de uma gripe? Você já tentou fazer algo enquanto o seu estômago estava roncando? O quão difícil foi se concentrar nesses casos? Talvez sua resposta tenha sido: "Impossível!" Isso porque nossa capacidade de concentração está fortemente ligada às nossas sensações — e quando nosso corpo sofre, *tudo* o que fazemos sofre.

Dor, fome, cansaço e saúde física precária: tudo isso interfere em nossa capacidade de manter o foco. Por isso, precisamos tratar dessas questões ou tomar medidas para evitá-las. Quando não conseguimos manter um nível profundo de concentração, procrastinamos as tarefas mais difíceis e complexas, optando por realizar somente as mais fáceis. Qualquer um desses fatores redutores de foco pode estar contribuindo para sua tendência a procrastinar.

Dormir

Vamos começar falando sobre o sono. Os adultos precisam de sete a nove horas por noite para descansarem completamente. Se não estivermos completamente descansados, nosso cérebro não funciona com todo seu potencial. Caso não esteja conseguindo dormir bem à noite, aqui estão algumas sugestões para ajudá-lo a dormir melhor:

Vá para a cama mais cedo — e apague as luzes. Nossos corpos funcionam em períodos de luz (quando estamos ativos) e de escuridão (quando dormimos e descansamos). Com a criação da luz elétrica, ficamos acordados mais tarde do que nossos antepassados e muitas vezes não nos damos descanso suficiente. A luz estimula nossos corpos a ficarem ativos até mais tarde. Então, apague as luzes à noite, durma mais cedo e escureça o ambiente se possível.

Restrinja o tempo de tela. Televisões, tablets e smartphones têm telas luminosas. Já foi comprovado que a luz azul que esses aparelhos emitem nos impede de cair em nosso ciclo normal de sono. Para combater isso, pare de assistir ou de usar qualquer tela, incluindo a de sua TV, computador, tablet ou smartphone, uma ou duas horas antes de dormir. Se isso não for possível, pelo menos diminua a luminosidade das suas telas. Existem aplicativos de computadores e smartphones que permitem escurecer a tela durante a noite. Eu adoro ler antes de ir para a cama, então uso uma tela e-ink (como a usada no Kindle) com uma opção de brilho variável que utilizo para ler e-books à noite.

Verifique colchões e travesseiros. Sua cama é confortável? E quanto aos seus travesseiros? Fico surpreso com o quanto as pessoas geralmente estão mais dispostas a gastar em sofás confortáveis do que em camas melhores, sendo que passamos grande parte de nossas vidas em nossas camas. Apesar de ser econômico por natureza, investi bastante em uma cama, travesseiros e edredons que me ajudam a dormir melhor. Se você tem um colchão ou travesseiro desconfortável, considere a possibilidade de substituí-los.

Mantenha uma temperatura de sono confortável. É quase impossível dormir quando você sente muito frio ou calor. Vale a pena gastar dinheiro extra em um ar-condicionado para seu quarto, se você estiver com calor, ou em mantas, colchas ou cobertores elétricos, se você estiver com frio. Certifique-se de ter as ferramentas necessárias para ter a temperatura ideal para um sono confortável. Você também pode controlar isso através da roupa que escolhe para dormir. Guarde sua roupa de dormir sexy para ocasiões especiais e prefira usar roupas confortáveis na hora do sono que sejam compatíveis à temperatura do ambiente em que você dorme.

Evite alimentos e álcool antes de dormir. Grandes quantidades de álcool afetam negativamente o padrão de sono e podem fazer com que você vá diversas vezes ao banheiro à noite. Comer tarde da noite faz com que seu sistema digestivo trabalhe mais, o que pode mantê-lo acordado.

Se nenhuma dessas sugestões ajudar você a dormir melhor, considere ir a uma clínica do sono. Esse tipo de clínica verificará se há algum problema médico que possa estar afetando seu repouso. Você também pode falar com um médico para ouvir as recomendações dele. Sua capacidade de se concentrar deve melhorar quando você estiver mais descansado.

Comer

A comida é o nosso combustível! Os seres humanos precisam de muito combustível, e do tipo certo, para manter as mentes trabalhando com máxima eficácia. Nosso cérebro utiliza mais energia do que qualquer outro órgão. Na verdade, o cérebro utiliza até vinte por cento do total da carga energética corporal. Para operar nosso grande cérebro com eficiência, precisamos de bom combustível. O que seria um “bom” combustível para esse órgão fundamental, e como podemos ter certeza de obtê-lo? Seguem alguns alimentos que comprovadamente ajudam o cérebro a funcionar melhor:

- Abacates
- Mirtilos
- Brócolis
- Ovos
- Nozes e sementes
- Laranjas e outros alimentos ricos em vitamina C
- Abóbora
- Truta e sardinha
- Cúrcuma
- Salmão selvagem

Além de alimentar nosso cérebro, também precisamos ser cautelosos quanto aos efeitos negativos de alguns alimentos. Estes alimentos são prejudiciais ao funcionamento do órgão:

- Álcool (em excesso)
- Aspartame
- Alimentos altamente processados
- Bebidas como refrigerantes, bebidas esportivas, bebidas energéticas e suco de frutas

E quanto à cafeína? Estudos apontam que uma quantidade moderada de cafeína, como a que consumimos ao beber café ou chá, é perfeitamente aceitável e nos dá uma força extra. Mas beber café o dia todo significa ir além da quantidade moderada e faz com que você se sinta mal no final do dia. Quando tomava café regularmente, bebia uma garrafa por dia, facilmente. Por volta das 15h, já não tinha mais energia para trabalhar em nada. Agora eu só tomo café pela manhã e me restrinjo a duas xícaras. Recomendo que você beba de uma a duas xícaras de café ou chá por dia. Alguns tipos de café têm mais cafeína do que outros, então verifique os níveis de cafeína listados na embalagem.

Esteja ciente de que as bebidas energéticas têm até oito vezes mais cafeína do que o café: mesmo um único energético pode estar acima do limite recomendado de cafeína por dia. Esse tipo de bebida pode ser perigoso e tem sido associado ao aumento de ansiedade, dores de cabeça, enxaquecas, insônia, hipertensão arterial e ataques cardíacos. Sugiro que você evite bebidas energéticas ou, se tiver que bebê-las, restrinja-se a uma por dia.

Exercícios

Seu corpo quer se mover! Ele não foi feito para passar o dia todo em frente a um computador ou para ficar sentado a noite toda em um sofá vendo TV. Mas você já sabia disso, certo? Ainda assim, pode se sentir tentado a fugir dos exercícios físicos depois de um longo dia de realização das tarefas da sua lista de afazeres. Eu já passei por isso.

Costumava marcar um jogo semanal noturno de badminton com meu irmão e alguns amigos em um ginásio. Em algumas noites, eu estava tão cansado mentalmente do trabalho que realmente não tinha vontade de ir. Mas não queria ser o único a faltar e desapontar meus amigos. (Ponto para os meus amigos!) Então eu me arrastava até o ginásio e começava a jogar. Uma vez que entrava no jogo, realmente aproveitava e ficava feliz por ter saído de casa. No final, me sentia fisicamente cansado, mas podia perceber que meu corpo estava feliz de ter realizado uma atividade física — e meu cérebro sentia-se mais ligado do que antes do jogo.

Se você precisa de um motivo para parar de procrastinar e começar a agir, considere estes benefícios para seu cérebro e para a sua capacidade de concentração:

Mais oxigênio: durante os exercícios físicos, seu ritmo cardíaco aumenta, bombeando mais oxigênio para o cérebro. O oxigênio é fundamental para o crescimento e a cura do cérebro, e ele usa cerca de três vezes mais oxigênio do que os músculos. Observar meu pai lutar contra a demência quando seu cérebro estava com falta de oxigênio devido ao enfisema realmente me mostrou como é importante manter um fluxo constante de oxigênio para o cérebro.

Hormônios e neurotransmissores: durante o exercício físico, seu corpo libera hormônios e outros produtos químicos que ajudam o cérebro a funcionar melhor, incluindo neurotransmissores para impulsionar a atividade cerebral e melhorar o humor.

Melhora a memória: já foi comprovado que fazer apenas 120 minutos de exercícios moderados por semana ajuda a memória.

Chamada de atenção: atividades físicas ajudam a despertar o seu cérebro. Como o corpo fica mais ativo, o cérebro se anima para lidar com a atividade extra. É por isso que uma caminhada na hora do almoço é uma ótima forma de ajudá-lo a se concentrar durante a tarde. Para aumentar sua capacidade de concentração (e fazer seu corpo mais feliz), programe alguma atividade física em sua rotina. Pode ser um exercício matinal, um passeio no almoço, nadar à noite ou fazer praticamente qualquer outra atividade física. Isso também ajuda a fazer intervalos regulares ao longo do dia.

Se você acha que não tem a disciplina para começar e manter um programa de exercícios físicos por conta própria, você pode tentar:

- Exercitar-se com um amigo e deixar um responsável pelo outro
- Inscrever-se em aulas de fitness
- Exercitar-se com um personal trainer
- Fazer parte de uma equipe esportiva

Tenha calma ao iniciar um novo programa de exercícios, especialmente se você está sedentário, pois exagerar na atividade física pode prejudicar seu corpo. Consulte um médico, se você estiver fora de forma ou tiver problemas de saúde que possam impactar o início de seu programa de exercícios físicos ou de sua prática de esportes.

EXERCÍCIO: Como você está se sentindo agora?
Em seu caderno, nomeie uma nova página: "Como meu corpo está se sentindo agora mesmo?"

Agora levante-se e, de forma lenta e deliberada, estique seus braços e pernas, um de cada vez. Sinta seus músculos e a sensação de cada movimento. Perceba que você provavelmente não estava de fato prestando atenção em seu corpo até eu lhe pedir. Esse tipo de checagem é importante.

Feche os olhos e sinta cada parte de seu corpo separadamente. Concentre sua atenção no ombro de um braço, em seguida, desça até a parte superior do braço, antebraço, pulso e dedos. Mova lentamente cada parte à medida que você a traz à mente. Depois, passe para o seu outro braço, depois para as pernas, depois para cima através de seu torso, pescoço e cabeça. Mova cada parte do corpo assim conforme você redireciona sua atenção para elas.

Em seu caderno, escreva o que você aprendeu. Como você está se sentindo? Se há dor, onde ela está? Você tem fome ou cansaço? Qual é o seu estado de espírito? Essas são informações importantes que o seu corpo está compartilhando com você. Ao atender às necessidades do corpo, você encontrará uma capacidade maior de melhorar a concentração.

Alerta vermelho

Em seriados de TV como *Jornada nas Estrelas*, o capitão grita: "Alerta vermelho!" em situações de emergência para chamar a atenção da tripulação sobre um perigo iminente. Há luzes vermelhas intermitentes e um alto e estridente alarme para garantir que todos saibam que existe um problema que requer atenção imediata.

A maioria de nós tem seus próprios pequenos dispositivos de alerta vermelho no bolso ou na bolsa. Nossos smartphones transmitem alertas continuamente quando recebemos novas mensagens de texto, e-mails, postagens de mídias sociais e mensagens em geral. E, sim, algumas pessoas até usam sons de alerta de *Jornada nas Estrelas* para essas notificações. Mas elas são realmente alertas de emergência? Será que precisamos deixar de lado tudo o que estávamos fazendo para verificar uma notificação, perdendo nosso foco em uma tarefa? A menos que você seja um médico de plantão ou bombeiro, provavelmente a notificação era de baixa prioridade e indigna de um alerta vermelho. Então, como separar as notificações críticas das mensagens cotidianas?

Alertas de e-mail

Sejamos francos. A grande maioria dos seus e-mails não é importante. Newsletters, informações não essenciais, as últimas postagens do blog de um amigo, piadas e até mesmo certas perguntas de clientes nem sempre são as tarefas mais urgentes em que você deveria estar se concentrando.

Eu desativo todas as minhas notificações de e-mail. Em vez de usar um alerta que me interrompe, verifico os e-mails em horários pré-definidos. Faço isso duas vezes ao dia, mas talvez para você seja melhor olhar uma vez a cada hora. Com minhas notificações desativadas, não sou interrompido toda vez que uma newsletter ou spam chega à minha caixa de entrada. Por conferir e responder meus e-mails regularmente, todos eles são respondidos dentro de um dia útil, de modo que todos os meus clientes são atendidos e eles nem percebem que eu apenas verifico meu e-mail periodicamente.

Desative seus alertas de e-mail e separe um tempo para verificar sua caixa de entrada. Depois, classifique ou responda as mensagens conforme necessário (ver página 62).

Alertas de agenda

Os alertas de agenda são um tipo de alerta que eu considero *de fato* útil. Programo alertas de agenda para coisas relacionadas a horários, como sessões de treinamento de clientes, consultas médicas e eventos que quero participar. Por estarem relacionados a uma certa data e horário, vale a pena ter um lembrete para esses eventos. Eu defino a notificação para um tempo razoável antes do evento, como dez minutos antes de uma webconferência ou 45 minutos antes de um compromisso para o qual eu precise viajar.

Não tenho lembretes para tarefas que devo terminar em determinado dia. Se eu tivesse dez tarefas a cumprir nesse dia, seriam dez notificações adicionais da minha agenda. Em vez disso, eu apenas verifico minha lista de tarefas diariamente para encontrar os itens selecionados para aquele dia e me dedicar a eles.

Defina alertas de agenda para compromissos com base em horários, mas desligue as notificações de tarefas.

Outros softwares e mídias

As pessoas que produzem softwares e aplicativos para smartphones querem que pensemos que suas notificações são as coisas mais importantes de nossos dias. Facebook e outras mídias sociais, aplicativos de clima e jogos, entre outras mídias, nos enviam um dilúvio de notificações — se você permitir. Quase nenhuma delas são dignas de um alerta vermelho e de interromper o seu foco. Aprenda a desligar essas notificações em seu telefone e programe horários regulares do seu dia para verificar coisas como novidades no Facebook.

Desligue as notificações de softwares e aplicativos e reserve um tempo em seu dia para verificar o que está acontecendo.

Quarta semana: Plano de ação

Tal como você tem feito todos os dias, crie sua agenda para amanhã em seu caderno, aplicativo ou software. Comece a agrupar suas tarefas em categorias relacionadas para que você possa realizar tarefas similares no mesmo bloco de tempo. Ciente de que as necessidades de seu corpo podem interferir com sua capacidade de focar e de se sentir mais saudável, reserve um horário para meditação, exercícios e alimentação adequada. Além disso, faça o seu melhor para reduzir a quantidade de notificações que o interrompem. Tendo tudo isso em mente, a lista de afazeres de amanhã pode se parecer com essa:

- ▶ Planejamento
- Desligar todas as notificações do meu smartphone.
- Desligar os alertas de e-mail.
- Definir um alerta para desligar as telas às 20h.
- Agendar dez minutos de meditação no início e/ou final do dia.
- Agendar uma caminhada de vinte minutos no intervalo do almoço.

- ▶ Mente/Corpo
- Comprar um novo colchão.
- Avaliar as roupas de cama e de dormir existentes de acordo com o conforto e controle de temperatura.

- ▶ Projeto de trabalho
- Tarefa 1
- Tarefa 2
- Tarefa 3

- ▶ Projeto pessoal
- Tarefa 1
- Tarefa 2
- Tarefa 3

APRENDIZADOS

VOCÊ APRENDEU QUE:

- Nossos cérebros não foram feitos para multitarefas.
- As multitarefas diminuem a eficiência e reduzem o foco.
- Dividir tarefas em parte ou lotes é mais eficiente do que trabalhar em itens dispersos.
- O corpo afeta a capacidade de concentração da mente.
- Notificações desnecessárias são como alertas vermelhos falsos, destruindo nosso foco.

VOCÊ APRENDEU A:

- Melhorar o foco ao dormir bem, comer melhor e movimentar-se mais
- Reduzir as interrupções das notificações
- Fazer uma única tarefa para melhorar o foco
- Agrupar tarefas similares para melhorar a eficiência
- Estar mais em sintonia com as necessidades de seu corpo

6
QUINTA SEMANA: MANTENHA-SE MOTIVADO

Qual é a sua motivação?

Muitos de meus clientes avidamente abraçam as novas ferramentas e técnicas que eu lhes ensino, mas depois têm dificuldade para continuar usando-as em longo prazo. Mesmo quando eles me dizem que as novas técnicas estão causando um grande impacto na sua capacidade de fazer as coisas, ainda há uma tendência de se verem presos a velhos hábitos novamente. Qualquer pessoa que tenha tentado fazer uma dieta ou parar de fumar consegue entender o quanto é difícil mudar hábitos desenvolvidos ao longo de muitos anos.

O primeiro passo para buscar uma mudança pessoal é identificar a sua razão para fazê-la. Normalmente a motivação está ligada aos resultados que você está tentando alcançar. Pergunte-se: *Qual é o resultado que eu quero alcançar?* Ao conectar-se de forma mais profunda ao porquê de querer parar de procrastinar, você pode encontrar a motivação para ter sucesso.

Digamos que você tem adiado as aulas de violão, mas realmente deseja aprender a tocar o instrumento. Qual é o resultado que você deseja? Escrever músicas, apresentar-se no palco, tocar canções simples para seus filhos? Ao visualizar um resultado poderoso, algo pelo qual você é apaixonado, sua motivação para dedicar seu tempo a essa tarefa aumenta. Então ela se torna uma questão de estabelecer um bloco de tempo regular e dedicar-se à aprendizagem. Lembre-se do velho ditado: "Devagar se vai ao longe." Dedicar tempo é o segredo para aprender coisas novas, terminar projetos e fazer mudanças significativas.

Sustentando a motivação

Em algum momento, você pode ficar frustrado com sua falta de progresso e descuidar-se. Então, seu sonho de tocar violão, escrever um livro, limpar a garagem, terminar o relatório ou aprender outra língua pode acabar se transformando em pó. No entanto, ao manter o resultado fixo em sua mente, você constantemente está se lembrando do que motiva essa ação. Qual é a sua razão para querer limpar a garagem? Para que seu carro possa caber dentro dela e não fique estacionado na neve durante todo o inverno? Ao visualizar seu carro seguro e confortável em sua garagem limpa durante a próxima tempestade de neve, você terá um poderoso motivador para conseguir realizar essa tarefa.

Você pode estar revirando os olhos agora mesmo e pensando: "*Claro, Garland. Isso pode funcionar para uma paixão pessoal minha ou para melhorias domésticas, mas meu problema é procrastinar quando tenho que fazer algo chato, como o meu trabalho!*" Então, como você sustenta a motivação quando está diante de uma tarefa entediante ou de um trabalho de que não gosta? Aqui estão algumas formas de se manter motivado, mesmo quando você está fazendo algo que prefere não fazer:

Lembre-se de seu "porquê". Por exemplo, se você não é apaixonado pelo seu trabalho, aprenda a se alegrar pelo fato de que ele lhe permite cuidar de si e de sua família e financia seus passatempos e viagens. Sem seu trabalho, você não teria nada disso. (Revisitar o exercício da página 41).

Encontre pequenos prazeres. No trabalho, encontre algumas pequenas coisas de que você gosta e guarde-as como recompensa para depois de terminar as partes chatas e entediantes. Em casa, estar em frente a uma pia cheia de pratos sujos pode ser a oportunidade perfeita para ouvir suas músicas favoritas.

Crie suas próprias recompensas (gamifique-se). Se você tiver uma tarefa entediante para fazer, crie sua própria recompensa para transformar seu progresso de produtividade em um jogo. Isso pode ser tão simples quanto premiar-se com uma estrela douradas por completar algo ou se recompensar com uma pequena compra ou atividade de luxo uma vez concluída a tarefa. Pense nisso como um jogo para completar o máximo de tarefas e coletar o máximo de estrelas douradas que puder. Você pode conectar essas estrelas douradas a recompensas reais, se preferir.

Finja que você conseguiu. Estranhamente, estudos têm provado que fingir ser feliz sorrindo realmente torna você mais feliz. De alguma forma, nosso corpo e nosso cérebro são enganados e nosso estado de espírito se torna mais feliz. Da mesma forma, finja uma motivação até que ela se torne parte de seu processo.

Use um trabalho chato como trampolim. Se você não gosta de seu emprego, pense nele como um trampolim para o próximo estágio de sua carreira. Trate seu trabalho existente como algo que precisa fazer para se tornar excepcional e "subir de nível" mais tarde. As habilidades que você aprimora em seu trabalho atual podem ser críticas à medida que sua carreira melhora e suas responsabilidades aumentam. Você também pode fazer cursos e networking para ajudá-lo a mudar para uma carreira para a qual é mais apaixonado.

Reflexão dos valores da tarefa

Conectar a importância de uma tarefa a seus valores pode motivá-lo a parar de procrastinar. Pense em uma tarefa de longo prazo que considere importante, mas que você tem adiado. Em seu caderno, escreva em uma nova página o nome dela. Sob a tarefa, liste em forma de tópicos como ela se alinha com seus valores. Por que isso é importante? Um valor não é um objetivo concreto que você alcança e então abandona — embora os objetivos também possam ser bastante motivadores! Isso é algo que você deseja em sua vida. A tarefa pode ser qualquer coisa que você tenha procrastinado, mas aqui vão dois exemplos de conexão entre valores e objetivos:

Exemplo 1

Tarefa: Iniciar uma atividade física

Valores:

- Ter energia
- Cuidar da minha família
- Participar de atividades que aprecio
- Manter-se saudável em longo prazo e permanecer ativo conforme for envelhecendo

Exemplo 2

Tarefa: Estabelecer um plano de poupança recorrente de duzentos dólares por mês

Objetivos:

- Poupar dinheiro nas compras diárias
- Ter um fundo de reserva para emergências
- Ter uma conta poupança para férias e experiências especiais

Agora que você já separou uma tarefa que tem procrastinado e analisou como ela se alinha aos seus valores, garanta que o primeiro passo da tarefa seja agendá-la para o dia mais próximo possível e reserve um bloco de tempo para isso.

Subdivisões

Às vezes, uma tarefa ou um projeto podem parecer grandes demais para serem realizados, então os deixamos de lado por um tempo indeterminado. Por exemplo, digamos que você tem uma ideia para um novo produto que levaria 160 horas para desenvolver (quatro semanas com 40 horas em cada semana). O problema é que é pouco provável que você tenha esse grande bloco de tempo não ocupado (um mês inteiro) e que poderia ignorar seu trabalho diário para assumir um projeto dessa magnitude. A única maneira de concluir um trabalho grande como esse é subdividi-lo em partes menores em que seja possível trabalhar de pouco a pouco.

As primeiras tarefas a serem iniciadas podem ser separadas como o modelo abaixo:

1. **Conceito:** Escreva um novo documento de conceito de produto.

2. **Pesquisa de mercado:** Faça algumas pesquisas preliminares para ver se há mercado para isso.

3. **Plano de desenvolvimento:** Elabore um plano de desenvolvimento para criar o produto.

4. **Plano de marketing:** Trabalhe em ideias de plano de marketing para promover o produto.

Aqui está outro exemplo: digamos que você queira fazer um mestrado. Um objetivo digno, mas como começar? Um mestrado leva anos de estudo. Quando a tarefa é subdividida, podemos terminar com uma lista de tarefas iniciais assim:

1. **Campos de pesquisa:** Investigue quais são as áreas profissionais ascendentes e com probabilidade de pagar bem em dez anos que também se conectam a seus interesses e habilidades.

2. **Escolha o grau:** Determine o tipo de grau acadêmico que mais o ajudará a conseguir emprego no campo escolhido.

3. **Escolha a universidade:** Pesquise universidades para descobrir quais delas oferecem os melhores graus acadêmicos em seu campo escolhido.

4. **Financiamento:** Verifique as possibilidades de financiamento de pesquisa acadêmica, como empréstimos estudantis, bolsas de estudo e programas de poupança.

5. **Requisitos de entrada:** Você tem os pré-requisitos acadêmicos adequados? Caso contrário, você pode começar a realizar cursos para se atualizar.

Como você pode ver, agora quebramos um assustador projeto de quatro a sete anos em algumas tarefas iniciais que podem ser feitas hoje ou nesta semana. Isso funciona para qualquer grande projeto. Mesmo algo tão grande como a construção de uma casa pode começar com:

1. Pesquisa de bairros

2. Pesquisa de construtoras

3. Verificação das opções hipotecárias e financeiras

4. Revisão das plantas baixas

Se você possui um grande projeto que vem adiando, comece a subdividi-lo em partes menores que podem ser trabalhadas em uma tarefa de cada vez.

Resoluções de um dia

Você sempre faz grandes resoluções no Ano-Novo que vão mudar a sua vida e acaba deixando-as de lado alguns meses depois? Sim, eu também. Essas resoluções até parecem ser uma ótima ideia, mas em geral falham miseravelmente para a maioria de nós. *Somos* mais capazes de completar algo com o qual estamos comprometidos, mas grandes mudanças são mais difíceis de implementar do que pequenas.

Em vez de uma resolução anual, considere fazer uma resolução de muito curto prazo para agir em um dia. Por exemplo, digamos que seu maior compromisso seja ficar em forma. Essa é uma grande tarefa, e há diferentes caminhos que você poderia seguir. Uma promessa de um dia pode significar fazer apenas uma coisa que fará a diferença para o objetivo final. O comprometimento de hoje pode ser dar um passeio no almoço ou levantar-se meia hora mais cedo para fazer um pouco de yoga. Você poderia então expandir essa técnica para o dia seguinte e assim por diante. Após cerca de três semanas, seu novo compromisso se torna um hábito, um dia de cada vez.

O próximo nível desse grande objetivo pode ser inscrever-se em uma academia de ginástica. No dia seguinte, você poderá escolher três dias em sua agenda para ir à academia por uma ou duas horas. Sua resolução no primeiro dia dessa agenda seria seguir essa programação e assim por diante. Quando menos perceber, você estará passeando no horário de almoço todos os dias além de fazer três visitas à academia por semana. E você fez tudo isso por meio de pequenos e curtos compromissos de um dia.

Se você colocar esses compromissos por escrito, provavelmente conseguirá mantê-los, então escreva sua resolução de um dia na agenda em seu bloco de tempo ou calendário. Defina uma notificação em seu smartphone para sair quando chegar a hora da caminhada ou de ir à academia. Esse é um uso permitido de "alertas vermelhos".

Também ajuda contar a alguém que você assumiu um compromisso de fazer algo. É mais provável que sigamos um objetivo quando as pessoas ao nosso redor sabem nossos compromissos e nos apoiam. Além disso, nos sentimos tolos quando falamos sobre nossos objetivos aos outros e desistimos deles. Por isso, há um incentivo adicional para que possamos nos manter leais à nossa resolução. (Ver "Faça amizades!" na página 132)

Faça a pior coisa primeiro

Anteriormente, mencionei que a força de vontade e a disciplina são limitadas, por isso você quer usá-las sabiamente. A melhor maneira de utilizar esses recursos limitados é resolver a pior coisa que você tem que fazer *antes* de *qualquer* outro item. Faça isso ajustando um temporizador e trabalhando na referida tarefa com foco total por um ou dois blocos de trinta minutos. Acho mais fácil ter de lidar com um projeto desagradável se souber que só tenho que trabalhar nele durante a primeira hora do meu dia. Você pode se recompensar após a pior tarefa com uma atividade mais fácil e agradável. Mas só faça isso depois de ter programado em seu bloco de tempo as suas piores tarefas.

Isso também se aplica a qualquer projeto grande e difícil. Dedique a ele a primeira hora de seu dia e você se surpreenderá com a facilidade com que trabalha nele. Com um tempo dedicado todos os dias às suas piores tarefas, você eventualmente vai descobrir que mesmo os maiores e mais complexos projetos podem ser concluídos com mais rapidez.

Planeje seu dia em torno de seu compromisso

Agora que fez suas resoluções de um dia e seus "piores" projetos primeiro, você precisa planejar seu dia em relação a eles. Mantenha seu primeiro bloco de tempo para as piores tarefas, mas também deixe blocos de tempo configurados para seus outros compromissos importantes.

Quer seja malhar, aprender um instrumento musical, fazer um curso ou escrever um livro, você precisa ter blocos de tempo agendados para essas atividades ao longo da sua semana. Esse tempo *deve* ser sagrado. Não deixe o trabalho, outras pessoas ou acontecimentos invadirem esse tempo sagrado. Se seus amigos quiserem fazer coisas com você durante esse período, diga a eles que está ocupado e sugira outros blocos de tempo que funcionariam para você.

Respeitar sua agenda de blocos de tempo permitirá que você consiga fazer as coisas que deseja há anos. *Somente* dedicando-se a esses blocos de tempo você poderá ter sucesso em seus objetivos.

Recompense você mesmo

Como mencionei anteriormente, trabalhamos melhor quando sentimos que somos recompensados por nossos esforços. É bom quando a recompensa vem de nosso chefe sob a forma de uma palmadinha nas costas ou de um aumento, ou quando um(a) companheiro(a) nos agradece com um presente especial por ter tirado o lixo da garagem, mas normalmente não controlamos isso. Portanto, ajuda bastante criar seu próprio sistema de recompensa. As recompensas não têm de ser algo de grande valor — mas sim apenas algo que pareça um prêmio. Seguem algumas maneiras baratas e fáceis de criar recompensas para você mesmo:

PEQUENAS RECOMPENSAS — PRÊMIOS POR TAREFAS DIÁRIAS

Riscar tarefas: algumas pessoas sentem grande alegria em riscar as tarefas da sua lista. Você pode fazer algo em relação a isso. Tenha uma régua especial e um marcador para riscar tarefas de sua lista de afazeres e sentir prazer banindo essas tarefas do seu dia.

Estrelas douradas: você também pode se dar uma estrela dourada sempre que completar com sucesso uma tarefa ou uma atividade focada. Por exemplo, você poderia se dar uma estrela sempre que trabalhar por um bloco ininterrupto de trinta minutos ou ao se lembrar de trabalhar no item de prioridade máxima em vez de se distrair. (Esse sistema também funciona muito bem para crianças, quando você define um número de estrelas douradas para dar um brinquedo ou experiência que eles querem.)

Não quebre a corrente: para garantir a redação de novos materiais todos os dias, o comediante Jerry Seinfeld coloca um calendário em sua parede e faz um grande X vermelho nos dias em que realiza a tarefa. Ele achou esse processo gratificante, e a crescente sequência de X vermelhos o motivou a continuar escrevendo todos os dias para não quebrar a corrente. Da mesma forma, você pode fazer uma sequência de X vermelhos ao cumprir atividades produtivas, como a definição de sua próxima lista de afazeres do dia em ordem prioritária ou trabalhando em sua pior tarefa primeiro. Se fizer isso diariamente, você criará um hábito motivador para realizar essa atividade e manter sua corrente inquebrável.

Atividades/pequenos luxos: se cumprir seus objetivos diários, você pode se recompensar esbanjando em uma atividade que você curte ou com um pequeno luxo. Para mim, uma bela premiação seria praticar tiro com arco, um novo disco para jogar *disc golf* (mais divertido e menos caro do que o golfe normal) ou um novo pincel de barbear. Você pode combinar isso com o programa de estrelas douradas e se esforçar para acumular estrelas para ganhar outras recompensas.

RECOMPENSAS MAIORES

Somando: você pode adicionar incentivos para manter a corrente de seu calendário ou acumular estrelas douradas, estabelecendo níveis adicionais de recompensa. Por exemplo, você poderia ter prêmios especiais para correntes de trinta, sessenta ou noventa dias. Uma pessoa que conheci deixou de fumar dessa maneira. Todos os dias em que não fumava, ele colocava de lado uma quantia em dólares equivalente ao que gastava com seu hábito em uma conta para economizar para comprar um novo quadriciclo. Com essa economia, ele tinha um grande incentivo para parar de fumar. Ele imaginava toda a diversão que teria com seu novo veículo na floresta com seus amigos.

Alcançando grandes objetivos: se atingir um grande objetivo, você pode recompensar-se com atividades ou coisas que combinem com a importância do objetivo. Comprar um carro novo porque você realizou uma tarefa prioritária pode parecer um tanto quanto exagerado, mas é possível idealizar uma escala que pode incluir:

- Um jantar agradável em um novo restaurante que você está querendo conhecer
- Uma aula de arte ou oficina de fotografia
- Novos fones de ouvido
- Um retiro de fim de semana em um chalé
- Férias tropicais

Você não precisa esperar que outros o recompensem. Monte um sistema de recompensa próprio que funcione para você e vincule premiações à realização de tarefas que o ajudam a alcançar seus objetivos profissionais e pessoais.

Pergunte-se "por quê?"

Como já mencionei, "Por quê?" é uma das mais importantes perguntas que você pode fazer a si mesmo. *Por que eu estou fazendo isso? Por que essa tarefa precisa ser feita? Por que ela tem prioridade?* "Por quê?" dá sentido aos seus afazeres diários. Quando você sabe por que uma tarefa é importante — ou seja, como ela se conecta com seus valores ou objetivos — você tem mais motivação para concluí-la. Se olhar atentamente, sempre é possível encontrar alguma razão para se importar com o que está fazendo, mesmo que seja a parte mais banal do seu dia.

Encontrando sua inspiração no dia a dia

Você não está apenas se arrastando sem motivo. Por exemplo, você trabalha para ganhar a vida e sustentar a si mesmo e a sua família porque valoriza uma família feliz e saudável; você faz as tarefas domésticas para manter sua casa em ordem porque valoriza viver em um ambiente limpo e organizado; você se exercita regularmente porque valoriza ser saudável, e assim por diante. Mantenha essas razões em sua consciência todos os dias para permanecer inspirado e abraçar a tarefa à sua frente, mesmo quando o que você estiver fazendo não for excitante.

Você também pode procurar por algum pequeno aspecto da tarefa que se alinha com seus valores para mantê-lo inspirado. Por exemplo, sempre valorizei o bom atendimento ao cliente, e mesmo quando trabalhava em um emprego que não me interessava, me alegrava sempre que um cliente aparecia ou ligava porque realmente amo ajudar as pessoas. Isso também fazia meu dia passar mais rápido. Ajudar os clientes tornou-se minha inspiração diária.

Em casa, sua inspiração diária pode ser algo tão simples quanto a maravilhosa sensação que se tem ao deitar na cama com lençóis recém-lavados porque você valoriza o conforto, ou como seu corpo se sente após comer um jantar saudável porque você valoriza a saúde. Talvez seja como sua família se alegra quando você toca violão, porque você valoriza ter uma família feliz.

Em seu caderno, nomeie uma nova página: "Minha Inspiração Diária". Pense em todas as tarefas que você precisa fazer todos os dias, em especial as que você não gosta. Passe alguns momentos pensando sobre o motivo pelo qual você está fazendo cada uma e como elas se alinham com seus valores. Liste em tópicos, assim como você fez no exercício da página 41. A diferença entre esses dois exercícios é que agora você está olhando para suas tarefas diárias e cotidianas em vez de um projeto de longo prazo.

Faça amizades!

Muitos de meus clientes sentem-se mais produtivos quando trabalham comigo porque nossa sessão semanal de treinamento os mantém responsáveis, o que os ajuda a sustentar o foco sobre o que eles querem realizar. Mas nem todos têm recursos para trabalhar com um coach de gestão de tempo profissional. Se você se enquadra nessa categoria, mas ainda quer ter alguém ao seu lado pois acredita que isso o ajudará a seguir o caminho correto, procure um amigo responsável. Ele pode ser um amigo, colega, membro da família ou outra pessoa à qual você se unirá para compartilhar a responsabilidade de monitorar o que cada um de vocês se propôs a fazer.

A ideia é compartilhar seus objetivos semanais com seu amigo e depois combinar uma conversa semanal para discutir o progresso de cada um em direção a seus objetivos. Ele será seu maior torcedor e o encorajará a permanecer no caminho certo e vice-versa. Saber que você precisa compartilhar com seu amigo os resultados de seus esforços a cada semana lhe ajudará a permanecer motivado para realizar suas tarefas. Além disso, discutir seus problemas com um amigo pode lhe ajudar a superar uma dor, ter uma nova perspectiva ou revelar novas maneiras de alcançar o sucesso.

Se você quiser a minha ajuda para manter-se responsável, visite CaptainTime.com e clique na opção "Coaching".

Mantendo-se no caminho certo — Quando tudo dá errado

Você está diante de uma situação de "crise": Seu plano para o dia deu errado, o telefone continua tocando e os e-mails não param de chegar. E agora? Como você continua seguindo o que planejou quando tudo o que está fazendo é resolver problemas? Junto aos conselhos que serão apresentados a seguir, aqui vão três passos para lhe trazer de volta aos trilhos rapidamente:

1. **Pare de se torturar.** Aconteceu: agora apenas lide com isso. A energia que você gasta ao ficar chateado porque seus planos foram por água abaixo poderia ser melhor aproveitada resolvendo o problema.

2. **Refaça a triagem.** Você originalmente fez uma triagem de suas tarefas para lhes atribuir prioridade, mas agora tem um conjunto completo de novas tarefas para incorporar em seu dia. É hora de fazer uma nova triagem. Avalie rapidamente os níveis de prioridades das novas tarefas e veja onde elas se encaixam entre suas tarefas existentes. Alguns aplicativos permitem que você arraste e deixe suas tarefas em ordem prioritária para reordená-las. Essa é uma maneira muito rápida de reorganizar as tarefas através do nível de prioridade. (Consulte a página 70 para uma discussão sobre prioridades na sua lista de afazeres).

3. **Defina microblocos de tempo.** Talvez você normalmente trabalhe em blocos de trinta minutos, mas agora que seu dia está desorganizado, você tem menos tempo para se dedicar a cada tarefa. Em vez disso, faça uma rápida avaliação de dez a quinze minutos de cada tarefa. Encontre os itens de maior prioridade, identifique os bloqueios no fluxo, delegue o que puder àqueles que podem ajudar antes de trabalhar em suas tarefas mais prioritárias e comece a produzir. Se possível, trate suas tarefas como um carrossel: vá girando e gastando apenas quinze minutos em cada uma delas até você sentir que consegue lidar com todas. Então, no dia seguinte, reverta para seus blocos de tempo de duração padrão.

Atenha-se ao essencial

Já reparou como você parece ser muito mais produtivo antes de sair de férias? Isso acontece porque você está ignorando o trabalho em longo prazo e concentrando-se apenas no essencial que precisa ser concluído antes de ir embora. Da mesma forma, quando tudo está fora de ordem, é preciso voltar ao essencial e ignorar temporariamente o trabalho de longo prazo. Concentre-se nas tarefas urgentes com mais prioridade e garanta que elas sejam direcionadas ou executadas. Mas não deixe que esse foco direcionado se torne um hábito, pois os projetos abertos e de longo prazo podem acabar se tornando um problema.

Adaptar ou improvisar, eis a questão

Eu adoro planejar, mas odeio quando outras circunstâncias bagunçam meus planos. Seja qual for o motivo, tenho uma grande resistência a mudar os planos. Quando algo estraga minha agenda, me vejo tentado a realizar pequenos ajustes em vez de fazer um novo plano que se adeque às novas circunstâncias. Embora a persistência seja importante em muitos casos, ela pode cruzar a linha da teimosia se você não for cuidadoso.

Analise o que atrapalhou seus planos. É melhor adaptá-lo ou vale a pena criar um novo planejamento de improviso? Se há grandes alterações, é melhor mudar sua perspectiva e desenvolver uma nova organização para se adequar às novas circunstâncias. Não enfrente novas situações com base em pensamentos antigos.

Peça ajuda

Durante a triagem, você pode perceber que não há como realizar uma tarefa no tempo necessário. Nesse caso, peça ajuda. No trabalho, há algumas pessoas ou lugares para obter ajuda de gestores, subordinados, colegas, mentores, assistentes virtuais, freelancers, fóruns de discussão on-line e linhas de apoio. Em casa, você pode recorrer à família, amigos, autônomos e assim por diante. Muitas vezes somos lentos em admitir que precisamos de apoio e queremos fazer tudo sozinhos, mas não custa pedir ajuda.

No ambiente corporativo, é tarefa de seu gestor ajudá-lo em circunstâncias excepcionais. Além dos gestores e colegas de trabalho, você também pode terceirizar parte do trabalho para freelancers ou assistentes virtuais, se for possível contratá-los. É claro, se quiser contratar pessoas de fora para atividades como entrada de dados, design gráfico ou qualquer outra coisa pertencente a sua empresa, você provavelmente precisará pedir permissão.

A terceirização é especialmente útil para itens como pesquisas pela internet. Por exemplo, se você foi incumbido de encontrar a melhor solução de software para resolver um problema da sua empresa, mas tem alguns "incêndios para apagar" no momento, seria possível terceirizar essa tarefa e depois dar suas próprias recomendações com base na pesquisa preparada por seu assistente virtual quando as coisas se acalmarem novamente. É muito mais rápido completar um relatório depois que alguém já fez a pesquisa demorada. Nesse caso, ninguém dentro da empresa precisa saber que você pediu ajuda. (Muitas pessoas de sucesso contratam assistentes virtuais para auxiliar com uma variedade de tarefas como pesquisas na internet, agendamento pessoal, planejamento de viagens e muito mais).

Ao enfrentar dificuldades relativas a um programa de software, o que pode ocorrer tanto em casa como no escritório e levar um dia inteiro, eu faço pleno uso do software de suporte que vem com o programa. Afinal de contas, as pessoas do suporte são especialistas naquele software e provavelmente podem me levar a uma solução em poucos minutos — caso decidisse procurar por conta própria, isso poderia ter me tirado horas preciosas. Fóruns de discussão on-line também são recursos fantásticos. Fazer uma pergunta em um desses fóruns sobre praticamente qualquer assunto geralmente me dá várias ideias em apenas algumas horas ou dias, no máximo.

Quinta semana: Plano de ação

Tal como você já tem feito, crie sua agenda para amanhã, seja em seu caderno, aplicativo ou software. Dessa vez, anote suas motivações para cada tarefa para que você possa saber por que elas são importantes. Você não tem que fazer isso sempre que criar sua lista de afazeres, mas se alguma vez se sentir inseguro sobre o porquê de estar fazendo algo, isso o ajudará a se lembrar. Assim, pelo menos para a superestrutura de amanhã, faça um esforço para encontrar um "porquê" para cada item.

Enquanto você começa a montar a sua agenda de amanhã, tenha em mente o seguinte:

- Cuide do "pior" item primeiro para ter certeza de que as tarefas e projetos difíceis tenham a devida atenção durante seu horário de pico de foco.
- Divida projetos maiores em módulos e tarefas menores.
- Programe uma ação para manter sua resolução de um dia.

Analise cada plano de ação das semanas anteriores. Agora você deve ter um sistema sólido para continuar criando uma superestrutura para o dia seguinte que se baseia em suas preferências e no que funciona melhor para você. Muito bem!

APRENDIZADOS

VOCÊ APRENDEU QUE:

- A motivação pode ser sustentada conectando-se ao "porquê" da tarefa.
- Ter um sistema de recompensa ajuda você a se manter motivado durante tarefas enfadonhas.
- Os compromissos de curto prazo são mais fáceis de manter do que os de longo prazo, que causam mudanças na vida, mas eventualmente eles levarão a grandes mudanças.

VOCÊ APRENDEU A:

- Fazer a pior tarefa primeiro
- Pedir apoio a um amigo responsável para ajudá-lo a manter seus compromissos
- Voltar ao caminho certo quando tudo der errado

7

SEU CAMINHO PARA O SUCESSO

Parabéns!

Felicitações! Você percorreu um longo caminho em nossas cinco semanas juntos. Você explorou as causas da sua procrastinação, aprendeu habilidades, estratégias e técnicas para parar de perder tempo e começar a agir. Agora você tem tudo o que precisa para acabar com seu ciclo de procrastinação. Mas, em minha experiência, muitas pessoas lutam para manter o sucesso inicial, então vamos tratar disso agora.

Pense neste livro como um recurso contínuo. Você pode relê-lo de vez em quando para relembrar técnicas e voltar ao caminho certo quando vacilar. Você pode também acompanhar meu blog CaptainTime.com para saber mais sobre novas técnicas e recursos. Além de reler o livro, vamos explorar a seguir algumas outras ideias para garantir seu sucesso em longo prazo.

Encontre o melhor processo para você

Quando as pessoas me perguntam qual programa de gestão de tempo eu uso, a resposta é nenhum e todos eles. Não há um sistema de gestão de tempo "melhor que todos os outros" e que funcione para qualquer pessoa, porque todos eles funcionam de maneira diferente.

Minha esposa e eu utilizamos diferentes aplicativos e abordagens, mas somos ambos muito produtivos. A razão pela qual ela usa diferentes aplicativos e abordagens é porque que ela tem um estilo de aprendizagem diferente do meu.

Em vez de me comprometer com um sistema e seguir sua abordagem singular de forma dogmática, "pego emprestado" as melhores táticas e estratégias de cada sistema que encontro. Recomendo que você adote essa mesma abordagem. Penso na aprendizagem da gestão do tempo como um ato de explorar, aplicar e adaptar o que você aprende, aplicado à sua própria realidade em vez de adotar um sistema único para todos. Teste cada uma das técnicas e estratégias deste livro e veja quais funcionam melhor para você de acordo com a sua situação em particular. Comprometa-se a utilizar fielmente essas técnicas em sua rotina e expanda-se a partir delas.

Se há uma técnica sugerida por mim que não parece funcionar para você, veja o problema que esta técnica se propõe a resolver. Você realmente *tem* esse problema? Se não, você pode descartar a técnica até precisar dela. Se você tem esse problema, mas a técnica em questão não o resolve, modifique-a para que se adéque às suas necessidades ou procure e experimente outras opções até encontrar uma que resolva o problema e que funcione no seu caso. Você pode também descobrir que não precisa de algumas delas agora, mas essas mesmas técnicas podem se tornar importantes à medida que sua responsabilidade crescer ou que alguns dos problemas mais simples de procrastinação sejam resolvidos.

Sintonia e controle

É importante revisitar continuamente seus sistemas de produtividade para ter certeza de que eles estão funcionando para você. É possível fazer isso sozinho ou com a ajuda de um amigo ou mentor. Não fique acomodado mesmo que as coisas estejam indo bem. Verifique continuamente e pergunte-se:

- A próxima tarefa é a mais importante a ser realizada?
- Existe uma maneira melhor de fazer isso?
- Ela poderia ser automatizada?
- Posso delegar essa tarefa a outra pessoa ou terceirizá-la?
- Tenho tempo reservado nessa semana para cada objetivo pessoal e profissional?

Lembre-se de procurar ajuda quando for necessário. Pode ser da sua equipe, de seu gestor, de um amigo, de assistentes virtuais, de freelancers, da sua família, de ajudantes remunerados ou de um coach de tempo como eu.

Seja o seu próprio maior aliado

Aprenda a ser seu melhor aliado. Ser gentil consigo mesmo é uma das lições mais difíceis que precisamos aprender. É muito difícil ter sucesso quando sua voz interior está sempre o criticando e destruindo sua confiança. Cale o seu crítico interior sempre que ele começar a tagarelar para você. Pegue o tempo e a energia que você costumava desperdiçar se criticando e se aborrecendo e reinvista isso para resolver problemas, aprender mais e colocar-se para cima.

Se você tem problemas de confiança, considere a ajuda de um coach ou faça cursos de confiança on-line ou presenciais. À medida que você adquire mais segurança, isso aparece e ganha seu próprio impulso. Quanto mais confiante você se sentir, mais sucesso ganhará e atrairá. Enquanto eu ganhava confiança ao falar e ensinar, mais e mais pessoas começaram a se aproximar de mim para que eu falasse em seus eventos ou ensinasse a suas equipes. Agora, cheguei ao ponto em que isso acontece com regularidade, e o sucesso vem muito mais fácil.

Quando me deparo com grandes projetos e longas cargas de trabalho, tenho a confiança de que possuo as habilidades para administrar isso com excelência. Em vez de me preocupar com futuras tarefas, sou como um profissional de pronto-socorro fazendo a triagem dos itens, atribuindo a eles prioridade e assegurando que as tarefas críticas serão realizadas em primeiro lugar. Não me interprete mal — eu ainda acho algumas tarefas desagradáveis ou chatas, mas tenho estratégias para lidar com elas (se eu não puder delegá-las ou terceirizá-las) em vez de adiá-las. E eu já compartilhei essas estratégias com você.

Não esqueça sua vida pessoal

Enquanto muitos dos exemplos e técnicas que eu falei neste livro são especialmente úteis para acabar com a procrastinação no trabalho, não se esqueça de dar à sua vida pessoal gentileza, amor e atenção também. Nossos objetivos e sonhos pessoais são de muitas formas mais importantes do que os de trabalho, mas, de alguma maneira, sempre colocamos o trabalho em primeiro lugar, postergando nossos objetivos pessoais. Para se dar a gentileza, amor e atenção que você merece, reserve blocos de tempo semanais para se dedicar a seus objetivos pessoais, hobbies e paixões, respeitando-os. Não deixe o trabalho ou outras pessoas tomarem de você este tempo-chave sagrado.

Faça por *você* mesmo

Geralmente, não somos ensinados a valorizar nós mesmos. Dizem que é egoísmo cuidar de nós mesmos e que devemos nos concentrar em nossa família e em outras pessoas. Até nosso trabalho nos faz sentir egoístas quando cuidamos de nossas próprias necessidades. Mas cuidando de nós mesmos primeiro, temos energia, tempo, habilidades e sucesso para cuidar dos outros, seja apenas nossa própria família, nossos colegas, nossa comunidade local ou nosso trabalho. Talvez você até se encarregue de seu país, concorrendo a um cargo no governo.

Quando for eleito, ou conforme seu sucesso aumentar, me diga de que forma adotar as técnicas de combate à procrastinação deste livro ajudou você a chegar lá.

A lista de verificação do procrastinador

Use a seguinte lista de verificação para ter certeza de que seguiu todos os passos necessários para parar de perder tempo e começar a agir:

- □ **Conscientização (Semana 1)**
  - □ Fique em alerta e atento a quando você procrastina
  - □ Encontre a causa da sua procrastinação em cada tarefa usando a técnica da seta descendente
  - □ Substitua pensamentos negativos por pensamentos positivos

- □ **Superestrutura (Semana 2)**
  - □ Coloque em funcionamento um sistema de lista de afazeres, seja por escrito ou com base em softwares ou aplicativos
  - □ Faça a triagem das tarefas e estabeleça prioridades
  - □ Utilize a técnica Inbox Zero
  - □ Verifique continuamente para ter certeza de que você está respeitando o sistema e as prioridades
  - □ Crie diariamente sua superestrutura para o dia seguinte

- □ **Ladrões do Tempo (Semana 3)**
  - □ Elimine os ladrões do tempo e minimize distrações
  - □ Agende e dê pausas regulares ao cérebro

- □ **Concentração (Semana 4)**
  - □ Implemente uma única tarefa
  - □ Minimize notificações e alertas vermelhos
  - □ Divida as tarefas em partes
  - □ Medite para ter foco e consciência aberta

- □ Estabeleça bons hábitos de sono
- □ Coma para ter energia
- □ Faça exercícios regularmente

□ Motivação (Semana 5)

- □ Conecte-se ao motivo pelo qual você faz o que você faz
- □ Encontre motivação nas tarefas cotidianas
- □ Subdivida projetos grandes ou longos
- □ Faça resoluções de um dia
- □ Agende blocos de tempo para seus compromissos
- □ Continue se perguntando "Por quê?"
- □ Arrume um amigo responsável
- □ Tenha sistemas para se manter no caminho certo durante situações de crise

A pessoa que você era *antes* de ler este livro provavelmente teria lhe dito que este programa de cinco semanas é muito trabalhoso e você nunca vai ter tempo para segui-lo — então talvez colocaria o livro de lado e voltaria a ele... na semana seguinte? No próximo mês? Em cerca de um ano, após as coisas finalmente terem se acalmado? Se você não aprendeu nada nesse nosso tempo juntos, espero que ao menos tenha percebido que quando deixa de lado tarefas importantes ou pessoalmente significativas até que um futuro hipotético chegue, você está se dando pouco valor.

Durante estas últimas semanas, você se esforçou para começar a agir. Você identificou as técnicas e estratégias que melhor lhe servem para ajudá-lo a lidar com a procrastinação e começar a agir para ter a vida que você quer. Seu sucesso e realização nunca deveriam ser adiados para o futuro, pois você pode tê-los agora mesmo.

REFERÊNCIAS

Bernstein, Ethan S.; Turban, Stephen. "The Impact of the 'Open' Workspace on Human Collaboration." *Philosophical Transactions of the Royal Society B*. 373, nº 1753 (jul. 2018). Disponível em: <hwww.doi.org/10.1098/rstb.2017.0239>. Acesso em: 12 out. 2020.

Case Western Reserve University. "Mindfulness in the Workplace Improves Employee Focus, Attention, Behavior, New Management-Based Research Concludes." *ScienceDaily*. 10 mar. 2016. Disponível em: <www.sciencedaily.com/releases/2016/03/160310141455.htm>. Acesso em: 29 out. 2018.

Davis, Daphne M.; Hayes, Jeffrey A. "What Are the Benefits of Mindfulness." *Monitor on Psychology* 43, nº 7 (jul./ago. 2012): 64. Disponível em: <www.apa.org/monitor/2012/07-08/ce-corner.aspx>. Acesso em: 12 out. 2020.

Denis, Katie. "Your Boss Wants You to Take a Vacation." *CNN*. Atualizado em: 9 mai. 2018. Disponível em: <www.cnn.com/2018/05/09/opinions/take-more-vacation-days-america-opinion-denis/index.html>. Acesso em: 29 out. 2018.

Frontiers. "Serious Health Risks Associated with Energy Drinks." *ScienceDaily*. 15 nov. 2017. Disponível em: <www.sciencedaily.com/releases/2017/11/171115124519.htm>. Acesso em: 29 out. 2018.

Godman, Heidi. "Regular Exercise Changes the Brain to Improve Memory, Thinking Skills." *Harvard Health Blog*. Atualizado em: 5 abr. 2018. Disponível em: <www.health.harvard.edu/blog/regular-exercise-changes-brain-improve-memory-thinking-skills-201404097110>. Acesso em: 12 out. 2020.

Hamilton, Jon. "Think You're Multitasking? Think Again." *NPR*. 2 out. 2008. Disponível em: <www.npr.org/templates/story/story.php?storyId=95256794>. Acesso em: 29 out. 2018.

Harvard Health Publishing. "Blue Light Has a Dark Side." *Harvard Health Letter*. Atualizado em: 13 ago. 2018. Disponível em: <www.health.harvard.edu/staying-healthy/blue-light-has-a-dark-side>. Acesso em: 29 out. 2018.

Mann, Denise. "Alcohol and a Good Night's Sleep Don't Mix." *WebMD*. 22 jan. 2013. Disponível em: <www.webmd.com/sleep-disorders/news/20130118/alcohol-sleep#1>. Acesso em: 29 out. 2018.

Olson, Eric J. "How Many Hours of Sleep Are Enough for Good Health?" *MayoClinic*. Disponível em: <www.mayoclinic.org/healthy-lifestyle/adult-health/expert-answers/how-many-hours-of-sleep-are-enough/faq-20057898>. Acesso em: 29 out. 2018.

Pattison, Kermit. "Worker, interrupted: The Cost of Task Switching." *Fast Company*. 28 jul. 2018. Disponível em: <www.fastcompany.com/944128/worker-interrupted-cost-task-switching>. Acesso em: 29 out. 2018.

Swaminathan, Nikhil. "Why Does the Brain Need So Much Power?" *Scientific American*. 29 abr. 2008. Disponível em: <www.scientificamerican.com/article/why-does-the-brain-need-s>. Acesso em: 29 out. 2018.

Uncapher, M. R.; Thieu, M. K.; Wagner, A. D. "Media Multitasking and Memory: Differences in Working Memory and Long-Term Memory." *Psychonomic Bulletin & Review* 23, nº 2 (abr. 2016): 483–90. Disponível em: <https://doi.org/10.3758/s13423-015-0907-3>. Acesso em: 12 out. 2020.

Wenner, Melinda. "Smile! It Could Make You Happier: Making an Emotional Face — or Suppressing One — Influences Your Feelings." *Scientific American*. 1 set. 2009. Disponível: <www.scientificamerican.com/article/smile-it-could-make-you-happier>. Acesso em: 29 out. 2018.

SOBRE O AUTOR

Garland Coulson, conhecido como "Capitão Tempo", é um popular palestrante que tem ensinado produtividade e gestão de tempo há mais de vinte anos.

Há mais de trinta anos, um simples presente de seu gerente — um Day-Timer — o iniciou em uma longa jornada para dominar a produtividade. À medida que aprendeu a se tornar mais produtivo, ele se viu obrigado a ajudar outros que também lutavam com a produtividade.

O foco de Coulson é ensinar as pessoas a serem mais produtivas em um período mais curto para que elas tenham mais tempo para a família, amigos, paixões e momentos de tirar o fôlego. Ele vive com sua esposa, Terry Mack, em Spruce Grove, Alberta. Você pode acompanhá-lo no site CaptainTime.com e no canal do YouTube: Youtube.com/c/GarlandCoulson.